AF293444

Leben, das ist das Allerseltenste in der Welt –

die meisten Menschen existieren nur.

(Oscar Wilde)

Alles was bleibt ist NEGATIV

von

Erich Beyer

Gut wenn man gute Erinnerungen an die
Vergangenheit hat, denn es gibt keine Zukunft

Herstellung und Verlag:

BoD - Books on Demand, Norderstedt

ISBN: 9783756256327

INHALTSVERZEICHNIS:

Vorwort:

Da ich die Themen hier so schreiben will wie sie mir einfallen und wie sie gerade anfallen und aktuell in anderen Medien gebracht werden, und man ja das „*Volk*" nicht oft genug erinnern kann, was gerade passiert ist. Weil, „*empirisch*" belegt ist, der Durchschnitt eine Aufmerksamkeit Spanne von einer „*Eintagsfliege*" hat, werde ich hier statt *Kapitel* im Buch immer nur Zwischentitel einfügen.

5

Die Berichte von meinen anderen Büchern wie von *„Zum Denken verurteilt"* oder von *„Mit jeder APP wirst mehr zum Depp"* und von *„Wie weit können wir noch verblöden"* werde ich dann immer in *„Kursiv"* bringen. Da aber viele meine ersten Drei Bücher nicht gelesen haben, dürfte es für den Leser doch interessant sein, vor allem da viele Themen trotzdem sie vielleicht schon 35 Jahre alt sind, noch immer aktuell sind, weil sich weder in Österreich, noch in der Welt nicht viel, außer daß es *NEGATIV* wurde, so traurig es ist, geändert hat!

Genau so werde ich, wie in meinen Büchern vorher, eher nicht *konventionell*, wie es mir beliebt, eine *„Intermission"* einfügen, wie es in einem *„Livebericht"* wäre. Da ich ja kein Schriftsteller bin, ist es mir egal ob es gefällt oder richtig ist.

Wichtig ist nicht, was und wie man etwas schreibt, sondern, daß man es schreibt. Ich bin kein Schriftsteller, weil mir die Gabe der ausschmückenden und leider nur allzuoft höchst fantasievollen Schriftstellerei fehlt. Ich sehe mich eher in der Position eines Berichterstatters, eines Journalisten. Ein Bericht ist immer noch die ehrlichste Form, um Begebenheiten und Situationen möglichst objektiv in einer lesbaren Art und Weise mit den dazugehörigen Erklärungen darzustellen. So wie es früher einmal die Journalisten dargestellt haben. Aber leider wird heutzutage nur mehr Sensationsjournalismus gebracht, um höhere Verkaufsquoten zu erzielen, dabei steht die Wahrheit eher weit „hinten".

Da es ja so vertrottelte Sprüche gibt, wie: „Man sollte nicht in der Vergangenheit leben, sondern in der Zukunft", muß ich feststellen, wir haben keine Zukunft mehr, mit dieser Menschheit und wie es mit der Preisexplosion von Lebensmittel, Treibstoff, Strom und Gas jetzt passiert, und dazu noch der Krieg in der Ukraine und den Flüchtlingsströmen von allen Teilen der Welt, wo eigentlich nicht wirklich ein Ende zu sehen ist. Wie ich es trotzdem schaffe immer noch positiv zu sein, liegt an meiner Partnerschaft mit meiner Frau Gabriela und an unseren Hund „Shiva" die wir auch „La Bestia" oder „Krawallo" nennen. Und da ich (wir) mit unseren Leben eigentlich zufrieden sind, darf ich mich nicht beschweren, solange ich mit meinen nun 72 Jahren noch halbwegs gesund bin, vom „Tinitus" und ein paar TIA Anfällen mal abgesehen, und ich die 260 Stufen in unser Haus am Rolandsberg noch schaffe, auch mit 10 kg im Rucksack!

Alles das habe ich bereits in meinem Buch „Zum Denken verurteilt" geschrieben, wo ich auch bereits meine Meinung kund getan habe, und es mag vielleicht etwas überheblich klingen, wenn ich jetzt aus Horaz' Ars Poetica 365 zitiere:

„Haec placuit semel, haec deciens repetita placebit"[1]

Man kann nämlich gar nicht so oft etwas wiederholen, das es sich der Durchschnittsbürger auch wirklich merkt, geschweige denn diese fünf Kategorien von Menschen. Ich gebe zu, ich werde in diesem Buch sehr viele Bereiche wiederholen und aus meinem „Zum Denken verurteilt" rein stellen, weil sie 1. Noch immer voll zutreffen und 2. Weil dort sehr viel von mir autobiographisch gewesen ist, was jetzt nicht primär ist, und 3. Weil vielleicht dann mehr Leute die noch immer zutreffenden Geschichten lesen können, die sie sicher nicht lesen würden, wenn sie 30.- € für ein Hardcover Buch ausgeben müßten, und dieses Buch doch günstiger in den Handel kommen wird. Deshalb die vielen Wiederholungen der Berichte, und viele werden sicher mein Erstes Buch nicht gelesen haben, also könnte es trotzdem interessant für viele sein, diese Geschichten das erste Mal zu lesen, also gar keine Wiederholung für sie ist. Bei jenen Wenigen die sich mein Buch „Zum Denken verurteilt" gekauft haben und auch gelesen, bitte ich um Entschuldigung, das ich mich hier wiederhole, aber wie Studien gezeigt haben, und auch meine eigenen Recherchen , merken sich die Leute nicht mal die Nachrichten die sie vor zwei Stunden gesehen haben, noch was sie vor einiger Zeit in einem Buch gelesen haben. Leider auch nicht die engsten Freunde, wissen noch was ich geschrieben habe, also was solls, wenn ich hier was wiederhole?

Meiner Meinung nach gibt es auf der Welt (nicht nur in Österreich) fünf Kategorien von Leuten:

„Nasenbohrer, Kelchfresser, Freaks, Mundls und Ferngesteuerte"!

---

[1] Dieses hat einmal gefallen, dieses wird zehnfach wiederholt gefallen.

Vielleicht sollte ich kurz erklären, wie ich zu diesen Ausdrücken und Kategorien gekommen bin, obwohl man sicher noch mehrere Kategorien finden könnte, eine davon habe ich als sechste Kategorie noch angehängt:

NASENBOHRER:

Ich glaube, diesen Ausdruck braucht man nicht weiter zu erklären, und wenn ich an diverse Aufnahmen von versteckten Kameras denke, die ich schon gesehen habe - was dann manche mit den „Rammeln" machen, die sie aus der Nase holen - kommt mir das Grausen. Man könnte sie auf gut wienerisch auch ganz einfach als „Ungustln" bezeichnen.

KELCHFRESSER:

Ich muß zugeben, dieser Ausdruck ist nicht mir eingefallen, sondern stammt von dem Oberkellner eines Vier Sterne Hotels und Restaurants „Am Tulbinger Kogel". Er bezeichnete jene Leute so, die am Sonntagnachmittag in den Gastgarten kamen, sich ein Cola oder Bier bestellten, und das nur sehr ungern, obwohl sie natürlich die Tische besetzten - und dann die Pausenbrote auspackten und verzehrten, während ihre „Terroristen" (Kinder) im Gastgarten lärmend „Fangen spielten"! Meiner Meinung nach trifft diese Bezeichnung voll zu.

FREAK:

Wenn man sich die Leute heute ansieht, die herumlaufen, ist dieser Ausdruck auf viele zutreffend, obwohl diese als „normal" bezeichnet werden. Er hat nicht allein mit einer körperlichen Mißbildung zu tun, für die kann jemand nichts, und ich würde ihn deshalb nicht als „Freak" bezeichnen, sondern der Begriff steht für alle Verrückten, Ausgeflippten, Exzentriker, Fixer und wunderlichen grotesken Typen, die „frei" herumlaufen. Wer die alte geliftete „Großlippe", die in fast allen Seitenblicken zu sehen ist, mal gesehen hat, weiß was ich meine. Gegen die sind ja „Mausi" und „Mörtel" noch eine „Straferleichterung"!

MUNDL:

Aus der Fernsehserie bekannt geworden, leider aber alltäglich vertreten und eher nicht zum Lachen, sondern eher zum Weinen. Diese Kategorie ist an Stammtischen vertreten und auf der Donauinsel, wo sie mit Handtüchern ihre Stammplätze verteidigt und sich größtenteils für Fußball interessiert, mit sehr begrenztem Horizont. Im Ausland will man dann oft genug im „Boden versinken", wenn man auf seine Landsleute trifft, und Alkoholkonsum dieser Gruppe verstärkt den Eindruck noch. Das ist dann der Zeitpunkt, wo ich nicht sehr stolz bin, ein Österreicher zu sein. Aber wenn ich den Ausdruck „Mundl" nun speziell auf Deutschland münzen müßte, dann könnte man zu jenen Typen vielleicht „deutscher Michl" sagen. Wie es bei „Mundl" den „Wiener" im Ursprung bezeichnet, ist es bei „deutscher Michl" die spöttische und abwertende gebrauchte Bezeichnung für den Deutschen. Der Begriff wurde bereits 1541 in S.FRANCKS „Sprichwörter Sammlung" als Bedeutung des ungebildeten, einfältigen Menschen aufgezeigt. In einer Karikatur zeichnet man ihn als Bauernburschen mit Kniehosen und Zipfelmütze, als Symbol der Einfalt und Verschlafenheit. Bei uns würde man ihn als Hilfsarbeiter mit blauen Arbeitsgewand und Bierflasche zeichnen. Beides steht aber für den gutmütigen und einfältigen Durchschnittsbürger, der sich seiner Machthaber, in unserem Fall der Regierung, nicht zu erwehren weiß.

FERNGESTEUERTE:

Eigentlich fast jeder, nur findet man die am stärksten Ferngesteuerten im Bereich der sogenannten „oberen Gesellschaft", die es aber sicher vehement abstreiten würde. Nur diesen „Ferngesteuerten" der „High

Society" oder „Hautevolee[2]" - egal wie man sie nennen mag -, kann man einreden, in sogenannten „In Lokalen" für ordinäre „Krautfleckerln" horrende Summen zu bezahlen und nichts zu sagen, selbst wenn sie warmes Bier serviert bekommen. Durch jene wird meine persönliche Freiheit am meisten eingeschränkt. Nur habe ich wenigstens so viel Selbstvertrauen, daß ganz alleine ich bestimme, welches Lokal „In" ist und welches nicht, und solange ich nicht hingehe, ist es sicher kein „In" Lokal. Aber dieses Selbstvertrauen kann man leider auch nicht mit sehr viel Geld kaufen, und deshalb kann ich die Typen in der „Reisbar" und sonstwo nur mitleidig verachten. Es sind die „Ferngesteuerten", die behaupten mit ihrem freien Willen entschieden zu haben, was sie kaufen: sie kaufen einzig die „Modefarbe" der Saison natürlich, nur weil sie jedes Jahr allein an dieser Gefallen gefunden haben, oder nur die Lieder, die ihnen vom Radio täglich Dutzende Male vorgespielt wurden, die sie aber selber frei ausgewählt haben; wehe man wagt ihnen zu sagen, es wurde ihnen einsuggeriert. Im „Micky Maus Land" habe ich festgestellt, daß der Ausdruck „Schafe" auch voll zutrifft. Hier kommt der größte Hohn zum Vorschein, wenn behauptet wird: „Werbung läßt einem die freie Entscheidungskraft"

Nun habe ich bereits ein großes Problem um einen Namen für die sechste Kategorie zu finden, ohne daß ich hier nicht schon einen großen Teil der Leser, auf das fürchterlichste zu beleidigen. Denn wie soll ich die Leute bezeichnen, die ich hier beschreiben will, um mich verständlicher Auszudrücken, möchte ich Einstein zitieren:

„Um sich in einer Schafherde wohl zu fühlen,

muß man vor allem ein Schaf sein"

---

[2]   franz. Vornehme Gesellschaft

Wie soll ich nun die sechste Kategorie nennen, um zu verhindern, wenn überhaupt von diesen Kategorien von Leuten auf die Idee kommt mein Buch zu kaufen und zu lesen, daß sie das Buch nicht gleich voll beleidigt weglegen? Niemand hat es gerne, wenn ihm jemand einen Spiegel vors Gesicht hält, und er sich dann wirklich selbst erkennt. Und schon wieder muß ich Jean Jacques Rousseau (1712-1778) zitieren:

„Hüte dich denjenigen die Wahrheit zu sagen,

die nicht imstande sind sie zu begreifen"

Also fällt es mir hier wirklich schwer, ohne überheblich zu klingen, hier einen Ausdruck zu finden, der nicht voll beleidigend ist, denn mir fällt dazu eigentlich nichts anderes ein. Wäre ich wirklich ein Schriftsteller, der ich aber sicher nicht bin, bestens ein „Berichterstatter", täte ich mir leichter. Ich wage es überhaupt nur, solche Beurteilungen über das, meiner Meinung nach, immer mehr zur totalen Verblödung neigende Volk, weil ich mit meinen nun 72 Jahren, und sicher sehr bewegten Leben, genug Erfahrungen gesammelt habe, um hier Vergleiche anstellen zu können. Für mein Buch „Mit jeder APP wirst mehr zum Depp" habe ich diese neue Kategorie hinzu fügen müssen.

Hier ist jedenfalls die sechste Kategorie, nicht nur der Österreicher, sondern der gesamten Menschheit:

<u>SELFIDOTEN:</u>

Ja, es geht um „Selfies" und natürlich über die Ferngesteuerten die sie machen. Es ist die Ärgste „Pandemie" die hier ausgebrochen ist, auf der ganzen Welt stehen die „Vollkoffer" mit ihren Smart Phones und machen ihre „Selfies" oder starren, ohne auf ihre Umgebung zu achten, auf den kleinen Bildschirm, ohne Rücksicht, wo immer sie sich auch bewegen. Sie klettern sogar über Umzäunungen oder Absperrungen um ein für sie anscheinend wichtiges „Selfie" zu bekommen. Zum Glück stürzen dann manche ab und kommen ums Leben, womit der Natur wieder gerecht wird und wir einen „Selfidoten" weniger haben. Da sind Leute dabei, die nie in ihrem Leben auch nur einmal einen Fotoapparat in der Hand hatten, die jetzt sinnlos durch die Gegend fotografieren, oder ein „Selfie" mit einem „Prominenten" machen, warum auch immer?

Warum jemand mit einem „Fußball Star", Filmschauspieler oder sogar mit unserer Politikern ein „Selfie" will, ist mir völlig unerklärlich, solche Leute sollten sich in „Behandlung" begeben, denn warum die so was tun, vor allem wem es was bringt, werde ich nie verstehen können. Nur bei wirklich voller „geistiger Umnachtung" könnte mir so etwas einfallen, und ich hoffe nur, niemals in eine solche Demenz zu fallen, um auf eine solch tiefe geistige Ebene zu sinken.

Der Fakt ist: die Smart Phones wurden zur Geisel der Menschheit und sie verblödet noch mehr, als sie sowieso schon ist. Zu den „Selfidoten" könnte man noch eine Untergruppe, nämlich die „Appitoden" dazu fügen, wo es ja solche Vollkoffer gibt, die sich jede nur mögliche APP runter laden und sogar noch stolz darauf sind, mehr APP's als ihr Freund zu haben, da kann man dann auch nur mehr verwundert sagen, was nützt dann ein Datenschutz noch?

Wie ich schon in *„Zum Denken verurteilt"* und in *„Mit jeder APP wirst mehr zum Depp"*, und *„Wie weit können wir noch verblöden?"* geschrieben habe, und somit mache ich hier freiwillig Werbung für ein Buch, denn man müßte diese Kategorien dazu zwingen können, von Thomas Wieczorek, sein Buch *„Die verblödete Republik"* zu lesen. Es ist zwar über Deutschland, aber man kann es 1:1 auch für Österreich verwenden.

Warum ich nun, bereits an meinem 24igsten Buch schreibe ist mir selber etwas unklar, (Davon haben allerdings 20 über mein Leben am Segelboot gehandelt) aber um es vielleicht mit den Worten von Mundl auszudrücken: *„Mir gehen die Leute und die Situation in Österreich, fest auf den Sack"* Dabei hat es sicher nicht mit „Covid 19" (Corona) zu tun, denn für mich hat sich nicht viel geändert, ich treffe sowieso nicht gerne Leute, noch gehen mir Theater oder Museen ab, die kann ich mir sowieso nicht leisten, und was den Einkauf betrifft, ich brauche weder alle paar Wochen neue Schuhe, Gewand oder Möbel, geschweige denn ein neues Handy. Was die Lebensmittel betrifft, selbst als alle Idioten die Supermärkte stürmten um WC – Papier zu horten, was überhaupt nicht verständlich ist, denn wenn sie wirklich Angst haben, daß alles ausgeht und sie nichts mehr zu essen bekommen, dann brauchen sie auch kein WC Papier mehr, weil sie auch nichts mehr zum „scheißen" haben!

Im Supermarkt von *Petite Martinique*, wo wir jahrelang auf unseren Segelboot lebten, gab es noch weniger an Auswahl von Lebensmittel als zur ärgsten Zeit bei uns wo alle Supermärkte leer geräumt wurden. Leider wurde am 3. Jänner 2021 unsere „Key of life I" auf ein Riff getrieben und bis jetzt sicher schon alles geplündert, was gebraucht wurde. Leider ist es in der Karibik egal ob man jemanden dafür bezahlt um seine Muring und Anker zu kontrollieren, sie werden sich trotzdem nicht darum kümmer, wie hunderte Mal bewiesen ist, und ich auch darüber berichtet habe. Speziell in der „dritten" Welt wie Grenada, wo es sicher keine Gesetze gibt die „Ausländer" beschützen, eher das Gegenteil ist dort der Fall, nur in Österreich haben Asylanten, Flüchtlinge und Migranten mehr Rechte als gebürtige Österreicher. Wozu ich aber keine Migranten zähle, nur weil sie in Österreich geboren wurden, aber weder unsere Sprache lernen wollen, geschweige denn unsere Gesetze, Religion und Sitten anzunehmen, dafür aber unser Gesundheitssystem ausnützen und alle Sozialleistungen ausnutzen wo es nur geht. Wer mehr darüber wissen will, bitte auf <u>www.segelclub.ankh-refugium.com</u> nachlesen, oder sich eines meiner Bücher, nicht nur unbedingt über das Segeln kauft, hier der link zu allen Büchern:

https://www.bod.de/buchshop/catalogsearch/result/?q=erich+beyer

Um hier nochmals etwas zu zitieren was Einstein schon sagte:

„Er ist sich nicht sicher ob das Universum unendlich ist,

aber er ist sich sicher bei der Blödheit der Menschheit!"

Energiekostenausgleich

Wir haben nun Ende Juni 2022 und es ist brandaktuell, wenn man in der *„verblödeten"* Webseite von *„oesterreich.gv.at"* eine Frage stellen will! Vor allem wenn man dann versucht einen Chat mit der noch verblödeter „MONA" auszuführen. Diese Webseite hat sicher auch ein Vermögen gekostet, und hat genau so wenig Berechtigung wie die kürzlich im Juni 2022 eingestellte Webseite *„Kaufhaus Österreich"*, sie ist nun endgültig Vergangenheit nachdem sie 950.000 € gekostet hat und ein Flopp wurde. Die SPÖ spricht natürlich von 1,8 Millionen, weil ja nur bei Ihnen die „Wahrheit" ist und die Richtung stimmt!

Was die Seite von *„oesterreich.gv.at"* kostet weiß ich nicht, aber sicher auch zu viel, denn auch hier sind die Programmierer, speziell diejenigen die, die verblödete „MONA" programmiert haben, eher unfähig! „MONA kann eigentlich keine Frage beantworten, die man für etwas stellen will, was nicht für das ferngesteuerte Volk zutrifft. Z.B. kann sie auf meine Frage:

Ich habe einen Nebenwohnsitz, wo ich aber auch neben gemeldet bin, aber dort seit Jahren den vollen Strom bezahle, kann ich da auch einen Gutschein bekommen?

Immer nur mit derselben „Floskel" antworten:

Hm, ich bin mir nicht ganz sicher, was Sie meinen. Also ich würde Ihnen gerne bei Themen rund um die Registrierung oder Reisepaß weiterhelfen.
Wie kann ich helfen?

Kann eine Antwort eigentlich noch blöder ausfallen? MONA dürfte so verblödet wie ihre Programmierer sein, also eher unfähig als eine Chat Auskunft agieren zu dürfen. Hier geht es um mein gemietetes

Haus in Klosterneuburg, wo ich früher sogar Hauptgemeldet war und seit mehr als 10 Jahren den Strom beziehe und natürlich auch von mir bezahlt wird. Nun nachdem ich mit 70 Jahren endlich eine Gemeindebauwohnung von Klosterneuburg bekommen habe, mußte ich dort ja den Lebensmittelpunkt haben und dort Hauptgemeldet sein, somit konnte ich im Haus nur mehr eine Nebenmeldung bekommen. Nun hatte ich bis voriges Jahr im Monat 65.- € an MONTANA für den Stromverbrauch bezahlt, wurde aber heuer im Frühjahr 2022 auf 105.- € eingestuft. Eigentlich habe ich in meinem abgeschlossenen Vertrag mit MONTANA im Vertrag stehen, daß mein Strom den ich beziehe, zu

94,66% aus Wasserkraft besteht, und zu

5,34 % aus Windenergie mit dem Zusatz:

Herkunft der Nachweise: 100 % aus Österreich. Bei der Erzeugung des Stroms sind weder CO2-Emissionen noch radioaktive Abfälle angefallen.

Nur habe ich jetzt von MONTANA den Vertrag für weiteren Strombezug bekommen, mit der schockierender Nachricht, sie wollen mich ab Oktober 2022 mit 198.- € einstufen. Anscheinend wird mir hier nun der teure Gaspreis angerechnet, der aber laut Vertrag mit meinem Strom gar nichts zu tun hat! Das wird mir mit meiner Mindestrente aber sicher sehr schwer fallen, was mich dann veranlaßte die Frage der verblödeten Webseite unserer Regierung zu stellen, was aber mit MONA nicht gelingt, und eine andere Kontaktaufnahme nur über die „Hotline" möglich ist. Nachdem ich dann lange in einer Warteschleife hing, wurde mir gesagt, egal was ich bezahle und an wie vielen Plätzen, eine Gutschrift gibt es nur wenn man dort auch Hauptgemeldet ist! Nun was hat die Hauptmeldung damit zu tun, daß ich ja auch dort den Strom bezahlen muß? Obwohl natürlich die versprochenen 150.- € sicher das *„Kraut nicht fett machen"* und es bestenfalls ein *„Tropfen auf dem* *heißen Stein ist"*. Aber sicher falle ich für unsere „Regierung" nur unter ein „Einzelschicksal" und kann auf jegliche Hilfe verzichten, was ist denn unserer Regierung ein „Einzelner" schon wert oder wichtig? Vor allem, da ich keinen unserer Politiker oder Parteien die wir im Augenblick zur Auswahl haben, vertrauen, geschweige denn ihnen ein Stimme bei einer Wahl geben würde. Erst wenn es eine Partei geben würde, die auch die *„Indemnität*[3]*"* von allen Politikern, Ministern und Beamten, aufheben würde, nur dann würde ich diese Partei auch wählen. Es genügt ja schon, daß sich viele unter dem Deckmantel der *„Immunität"* einer Strafverfolgung entziehen können!

Die hohen Energiepreise veranlassen jetzt viele, auf andere Alternativen um zu steigen, nur auf was? Holz wurde um 50% teurer und es gibt jetzt 2022 eigentlich schon Engpässe, weil niemand mit dieser Energiekrise gerechnet hat, und das „erneuerbare" Holz muß mal ein Jahr lagern bis man damit heizen kann! Die Pellets wurden auch sofort wieder teurer, und davon mal abgesehen, vielerorts darf man ja gar nicht mehr mit einem Holzofen heizen, ich denke da nur mal an die Siedlung in Auhof bei der Einfahrt der „A1" Autobahn! Nur es ist auch hier wie mit der Mode, in dieser „Geschichte" wiederholt sich alles, wenn ich bedenke vor wieviel Jahren ich diese Energiegeschichte schon in „Mit jeder APP wirst mehr zum Depp" geschrieben habe:

---

[3] INDEMNITÄT: Schadloshaltung

Energiesparlügen der Regierung!

Wie die jeweiligen Regierungen ihrem leichtgläubigen und verblödeten Volk jeweils ihre Pläne für das „Energiesparen" einreden und „aufs Auge drücken" können, zeigt die Vergangenheit. Dazu muß man auch so wie ich, schon etwas älter sein und noch fähig sich zu erinnern, was da einem so vorgelogen wurde. Das „Alter" macht nicht unbedingt weise, aber es bringt doch einiges an Erfahrung mit sich. Zum Glück gibt es doch einiges an das ich mich erinnern kann. Fangen wir mal mit dem Heizen an. In meiner Jugend haben ja noch sehr viele Leute mit einem Kohlenofen geheizt, und der Kohlenhändler mußte die 50 kg schweren Kohlen – oder Kokssäcke manchmal vier Stockwerke rauf schleppen. Nun da wurde zwar noch nicht so viel über CO^2 Ursachen geredet, aber man versuchte auch damals schon, von den Kohlen- und Koksöfen wegzukommen. Man machte viel Werbung für die „neue" Generation der Heizölöfen.

Die Kohlenhändler ersparten sich auf jeden Fall viel Arbeit mit der Sack Schlepperei, und es kam eine neue Berufssparte auf den Markt. Nämlich der Heizöltransport mit Tankwagen in jeder Größenordnung. Damit gab es leider auch eine neue Art von Betrug, die von ein paar Lieferanten auch schamlos ausgenutzt wurde. Sie verrechneten bei jeder Lieferung von Heizöl, je nachdem, bis zu 10 Liter Heizöl mehr als sie eigentlich lieferten. Bei der Einlagerung von Kohlensäcken, vom Kohlenhändler ihres „Vertrauens" im Keller, konnte man ihm vertrauen oder auch nicht, jedenfalls konnte man mitzählen, wie viele Säcke Kohlen da in den Keller gebracht wurden. Bei den Heizöltanks war das nicht mehr so leicht, vor allem gab es keine wirklich genaue Tankanzeige und somit waren die Tricks relativ leicht mit denen sie arbeiten konnten. Speziell bei Tanks im dritten oder vierten Stockwerk, wo dann der doch sehr lange Schlauch raufgezogen wurde, der natürlich sicher leer war, und die Tankanzeige am Tankwagen war auf „NULL".

Nun wurde getankt. Der Trick an der Sache war ganz einfach. Es wurden dann die Liter die raufgepumpt wurden angezeigt und auch verrechnet, und natürlich von den Kunden meistens ohne Argwohn und Mißtrauen bezahlt. Aber ich kenne leider ein paar „Freunde" die Heizöl geliefert haben und sich ganz schöne Summen nebenbei verdienten. Denn im Schlauch bis zum vierten Stockwerk rauf blieben etliche Liter drinnen, die sie natürlich bevor sie zur nächsten Kunde fuhren zurück laufenließen und das summierte sich ganz schön. Öfters wurde ich von meinem „Freund" angerufen, ob ich nicht jemand wüßte, der ein paar hundert Liter Heizöl zum halben Preis kaufen wollte?

Nun kam eigentlich schon der erste Betrug von der damaligen Regierung. Denn man machte ein paar Jahre volle Werbung für Heizölöfen und redete dem Volk ein von Kohlen auf Heizöl umzusteigen, was natürlich auch viele machten und in neue Öfen und Tanks in Wohnungen und Keller investierten. Zum Dank, nachdem genug mit Heizöl heizten, zogen die Heizölpreise an, denn die Regierung setzte sie immer höher hinauf, somit war das vorher „relativ" günstige Heizöl auf einmal sehr teuer geworden und somit auch das Heizen.

Ähnliches Vorgehen machte man dann mit Werbung für Gasöfen. Es wurde wieder die Werbetrommel gerührt, man solle doch auf die viel günstigeren Gasheizungen umsteigen, was auch viele dann machten, da Heizöl zu teuer wurde und in die neuen Gasheizungen investierten. Nun man brauchte nicht lange zu warten, daß auch die Gaspreise fest anstiegen, und man somit dem Volk wieder höhere Kosten aufbrummte, das sich ja in keinster Weise wehren konnte, denn man konnte sich nur entscheiden zwischen heizen oder im kalten sitzen.

Ähnlich schaffte man es, dem blöden Volk einzureden auf den günstigen Diesel bei Autos umzusteigen. Die Autofahrer waren ja schon immer die „Melkkuh" der Nation. Natürlich war auch das Auto das „Lieblingskind" der Österreicher und auch Prestige Sache. Es gab Angebote über Angebote von günstigen Dieselfahrzeugen und das verblödete Volk kaufte wie verrückt Dieselfahrzeuge ein. (Was man uns jetzt über Dieselfahrzeuge sagt, gerade das die „Benutzer" nicht gesteinigt werden weil sie Diesel fahren, brauche ich ja nicht extra erwähnen, oder doch?) Nun es kommt, wie es kommen mußte. Nachdem ein großer Anteil der Autofahrer auf Diesel umgestiegen ist, gingen die Preise für Diesel an den Tankstellen in die Höhe und kosteten dann fast denselben Preis wie der Benzin, wo man doch mit dem Diesel soviel sparen konnte. (Ich hätte auch nie gedacht, daß jetzt 2020 der Diesel teurer als der Benzin ist)

So nebenbei schaffte es die Regierung mit dem nächsten „Schachzug" bei den Heizungen. Man redete wieder einmal dem Volk ein nun auf die so günstigen „Pellets" umzusteigen, was auch wieder viele glaubten und auf Pelletsöfen umrüsteten, und wieder kam dasselbe Spiel wie Jahre zuvor. Die Pellets wurden so teuer, das von günstig keine Spur mehr war. Von dem günstigen Heizen, wie von der Regierung versprochen, blieb nichts mehr übrig. Dann ist die „Chuzpe" von diversen Pellets oder Hackschnitzel Heizungen, wenn der Strom ausfällt, sitzt man im kalten, denn ohne Strom funktionieren sie nicht mehr.

Da aber immer mehr an die Fernwärme in den Gemeindebauten, oder anderen Neubauten angeschlossen werden hat man keine Chance mehr irgendwie anders zu heizen. Somit können sie die Heizkosten steigern wie sie wollen. Das verblödete Volk kann nichts mehr dagegen tun, und dann betrügen sie die Leute noch, da beim Ablesen für Heizkörper, Einheiten verrechnet werden, obwohl der Heizkörper nie in Betrieb war. Auch da kann man sich nicht wehren, es wird als „Verdunstung" erklärt, und man muß bezahlen. (Jetzt soll ja noch 2022 die Fernwärme um 90% teurer werden. Also egal welche Regierung am Ruder ist, sie sind alle für A&F!)

Zur E – Mobilität und grüner Politik

Nun hat Ende Juni 2022 die „Gewessler" angeblich eine grüne Ministerin, warum sie auch immer eingesetzt wurde, eine Aussage gemacht, die aber anscheinend wie alles in der Politik gelogen und verfälscht dargestellt wurde. Sie sagte nämlich: *„Die Industrie hat sich entschieden die Zukunft ist die E-Mobilität"* Dazu meinte aber „Fritz Indra" ein Motoren und Fahrzeugentwickler aus Wien: *„Er hat schon viel Blödsinn gehört denn sie verdreht die Fakten es ist genau umgekehrt, die Industrie wurde von der Politik gezwungen in diese Richtung zu gehen!"* Nun für mich ist er wesentlich glaubwürdiger als jemand der keine Ahnung hat, wie viele andere in den Ministerien, aber warum auch immer als Minister eingesetzt wird. Wir haben ja auch eine weibliche Verteidigung Ministerin, die nicht nur nie bei einem Bundesheer war, noch irgendwas über Verteidigung weiß, geschweige denn was es an Bedürfnissen für Soldaten, Kasernen wirklich braucht. Aber was soll's, wir haben ja auch „Kogler" als Vizekanzler, obwohl er vielleicht besser ein guter Bauer geworden wäre, und nicht alle Grundsätze der „Grünen" über den Haufen zu schmeißen, nur um endlich in der Regierung zu sitzen! Bei einer der letzten Reden hat er von „Kids" gesprochen, vielleicht weil er dann glaubt International zu wirken, wenn er als Österreicher nicht „Kinder" sagt? Obwohl ich den Ausdruck „Kinder" auch nicht mag, für mich sind sie eher „Terroristen" oder wie sie „Lucifer" in der gleichnamigen Fernsehserie nennt „Schädlinge". Leider ist es eine Tatsache, man braucht weder Bildung, noch Ausbildung um ein Politiker zu werden, es genügt „Freunderlwirtschaft", „Beziehungen" und „Nepotismus" um in einer Partei und dieser sehr fraglichen Berufswahl eines Politikers was zu werden. (So nebenbei erwähnt, dürfte 2022 auch bei seinen Kontakten nicht gut aufpassen, denn er hat sich jetzt im Juli auch mit „Covid" infiziert, aber vielleicht war er auch am Donauinselfest feiern?)

Aber bleiben wir bei der E-Moblität, es wird ja von den „Grünen" nie wirklich erklärt, woher der Strom kommen wird, nach jetzigen Schätzungen sind es 20% des jetzigen Stromverbrauches die dazu kommen werden, nur wissen wir jetzt schon nicht wie das gehen soll. Es werden ja auch immer gerne die „Fakten" was es mit den E-Autos auf sich hat, nicht erwähnt oder lieber vergessen. Nur wird halt gerne viel Werbung für alles gemacht, was eine Batterie als Antrieb hat. Nur was sie zeigen hat nichts mit Werbung zu tun, sondern eher mit der totalen Verblödung des Volkes und es ist eine Zumutung, denn es ist nicht nur saublöd, sondern diese Werbung muß jeden weh tun, der einen höheren IQ als 10 hat. Was mich aber traurig stimmt, und vor allem nachdenklich, wie blöd muß unser Volk eigentlich sein, wenn wirklich irgendein „ferngesteuerter Nasenbohrer" auf Grund solch einen saublöden Werbung, dann ein Produkt kauft? Also wenn das bei manchen wirklich was bringt, macht mich das noch mehr ängstlich, da ich ja von diesen Leuten umzingelt bin, und was noch schlimmer ist, sie dürfen frei umherlaufen und sind wahlberechtigt, was wieder beweist, das mit solchen Leuten eine Demokratie nicht funktionieren kann, denn wenn solche Werbung eine Kaufentscheidung bei den sechs Kategorein von Menschen bewirken kann, dann sind sie sicher nicht fähig auch nur eine Entscheidung zu treffen, wer uns regieren soll, deshalb haben wir nur unfähige, korrupte Politiker in diesen Ämtern sitzen.

Man macht Werbung bei einer Autofirma, wo ein saublödes kleines Kind mit Elektroblitzen herumfuchtelt, warum auch immer, schon alleine wegen diesem Kind in dieser wirklich saublöden Werbung würde ich dieses Auto sicher nicht kaufen, überall preisen sie E-Autos an, aber niemand erzählt von dem Schaden der schon beim Abbau der Materialien für die Lithium-Ionen Akkus entstehen, und auch nicht welche Probleme es beim Recyceln, daß überhaupt nur mit vielen Problemen möglich ist, gibt! Wenn ich an die Batterie in meinem Computer oder Handy denke, dann glaube ich, daß die Batterien nicht mal fünf Jahre in den Autos wirklich halten werden, also im Grunde sich diese „geförderten" E-Autos eigentlich nie amortisieren werden, aber sehr viel Umweltschaden anrichten, auch noch lange wenn sie nicht mehr im Betrieb sind. Meiner Meinung nach haben wir nicht nur mit dem Internet, sondern mit der Erzeugung der millionen Lithium-Ionen Batterien die „Büchse der Pandora" geöffnet, und der Folgeschaden wird uns noch mehr auf den „Kopf" fallen, als es die Klimaerwärmung sein wird, es ist wahrscheinlich ähnlich wie es uns mit dem Atommüll geht.

Was bei Unfällen passieren kann, habe ich schon in meinem Buch, „Mit jeder APP wirst mehr zum Depp" geschrieben:

Besonders „In" ist es ja jetzt, daß jeder „Möchtegern" ein Elektroauto fährt, was ja angeblich so Umwelt schonend sein soll. Überall sollen E-Tankstellen eingerichtet werden. Dabei haben sie alle übersehen, daß seit dieser „run" auf die E-Autos begann, der anfänglich relative billige Strom, nun auch schon wesentlich teurer geworden ist. Von dem Schaden an der Umwelt, was für den Abbau von Lithium und anderen Ressourcen nötig ist, wird eher wenig geredet, nur „Zuckerln" von der Regierung versprochen, die in Jahren das nicht gut machen können, was uns die Autos und ihre Erhaltung am Ende kosten werden.

Das dann nach einem Unfall, ich glaube es war sogar ein Tesla, niemand das Auto entsorgen konnte, da die Batterie so viel Hitze abgab und kurz schloß, und man mußte dann das Auto in einen Container mit Wasser stellen, damit nicht noch mehr passiert. Man kann dann nur hoffen, falls ein Unfall mit einem E-Auto passiert, das immer ein Swimming Pool in der Nähe ist, um die Autos sicher abstellen zu können. Ich weiß jetzt natürlich nicht, wieviel Schaden da bei diesem Unfall passiert ist, vor allem das die Einwirkung des Unfalls sogar bis in die „Tiefen" der Batteriekonstruktion kam. Aber eines ist sicher, wenn an dem Tesla noch irgendwas zu verwenden oder reparieren gegangen wäre, nach dem Wasserbad ist sicher alles wegzuwerfen gewesen, an eine Reparatur ist sicher nicht mehr zu denken, nicht einmal die Sitze könnte man nochmals verwenden. Eines ist sicher, wenn sich dann alle ferngesteuerten Vollkoffer ein E-Auto gekauft haben, werden die Strompreise an den E-Tankstellen genau so ansteigen, wie es bei Diesel der Fall war. Auch da sind die Zahlen wie bei den LED, Angaben die sich wer ausgedacht hat, um dem verblödeten Volk wieder was einzureden. Denn er soll einmal die angegebenen Kilometer fahren, wenn es Winter ist, er die Lichter, Scheibenwischer und die Heizung braucht und sehen wie weit er dann kommt? Hoffentlich hat er eine Ersatzbatterie mit. Was mich noch nachdenklicher stimmt, denn wenn ich bedenke wie lange heute so eine Handy Batterie oder vom Smart Phone hält, wo man bei vielen gar keine Batterie mehr selber tauschen kann, dann zweifel ich stark an, daß es sich jemals amortisiert, denn eine neue Batterie wird dann sicher das teuerste an den E-Autos sein. Aber von dem wird ja nicht geredet, der ferngesteuerte Autofahrer lebt ja in der „jetzt" Zeit.

Wie ich recherchiert habe, hat die Batterie eine Lebensdauer von ca. acht Jahren, dann kostet eine neue Batterie aber den halben Preis eines neuen E-Auto! Also wer gibt so viel Geld für eine neue Batterie aus? Noch ärger, laut einem Bericht, kann Lithium und Kobalt nicht recycelt werden, und die Batterie muß geschreddert, und dann in einem Hochofen verbrannt werden, mit hohen Emission Ausstoß, wo die Umwelt noch mehr belastet wird! Warum sagt man das nicht beim Kauf eines E-Autos dem verblödeten Volk? Die Kinderarbeit bei Abbau von Lithium und Kobalt will ich gar nicht weiter beschreiben, wie kann eine Regierung den Kauf von E-Autos unter dem Vorwand des Klimaschutzes unterstützen und noch fördern? Das ist die nächste und größte Lüge, die uns die Regierung unterjubelt!

Fazit ist: Egal welche Regierung gerade dran war, wir wurden und werden noch immer von hinten bis vorne belogen, was die Einsparung von Energie betrifft. Es ist egal welche Lügen man uns erzählt. Am Ende wird es das verblödete Volk bezahlen müssen solange es keinen Weg gibt, die „Schuldigen", nämlich Abgeordnete,

Minister und Beamte, die solche Pläne, wie z.B.:
„Energiesparlampen", verbreiten können und Gesetze und
Maßnahmen bestimmen, auch bestrafen kann. Was natürlich nie der
Fall sein wird, weil da der Spruch zutrifft.

„Keine Krähe, hackt einer anderen ein Auge aus"

Das Beste ist ja, daß unsere Politiker, von denen ich sicher keinen gewählt habe, immer davon reden, daß Österreich beim Klimaschutz eine Vorbild Rolle in der EU sein soll. Nein nicht nur in der EU sondern in der ganzen Welt. Wie vertrottelt ist denn eine solche Anschauung? In Polen, das ja zur EU gehört, wird weiter genug Kohle abgebaut, und der CO_2 Level, ist ihnen dabei sicher komplett egal, Hauptsache sie sind in der EU.

Australien hat die größten Kohleabbau Gebiete und macht damit auch das meiste von ihrem Staatseinkommen, also wird es sicher nicht damit aufhören, CO_2 hin oder her. Die USA denkt nicht mal daran sich an etwas zu halten, und von China und anderen Ländern rede ich hier gar nicht. Aber wir sollen eine Vorbildrolle einnehmen? Solche Leute sitzen bei uns in der Regierung und im Parlament und bestimmen über unser Leben, nur dürften sie vom „Leben" wirklich keine Ahnung haben, sonst könnten sie nicht solchen „Müll" (GALIMATHIAS[4]) von sich geben. Wenn ich dann mal in die Sendung „Hohes Haus" rein höre, daß sollte ja das Parlament sein, ist aber eher ein PANDÄMONIUM [5], kann ich nur sagen: „Einen Kübel, mir wird übel" Wer hat Euch denn gewählt?

Dann redet natürlich jede Partei in Opposition, daß es bei der neuen Regierung nur um Postenschacher geht! Ja, aber es ist noch nie um etwas anderes gegangen, alle Ministerien werden neu besetzt, auch

---

[4] GALIMATHIAS gr.-frz. Unklares, unsinniges Gerede
[5] PANDÄMONIUM gr. Versammlungsort aller bösen Geister

wenn die Nachfolger noch größere „Vollkoffer" sind als die Vorgänger und noch weniger Ahnung von der Materie haben. Hauptsache ist doch, daß sich die Koalitionspartei ein paar Sitze unter den Nagel reißen können. Es war nie anders und wird nie anders sein. Bei den Verhandlungen geht es um vieles, aber sicher nicht um das Wohlergehen von Österreich und dem Volk.

Anfang April 2021 ist *Hugo Portisch* gestorben, sicher einer der Besten Journalisten die Österreich hatte, ein sehr großes Vorbild von mir, obwohl ich ihm sicher nie das Wasser reichen könnte, aber was er mal sagte, klingt mir noch immer in den Ohren. Irgendwann wollte ihm jemand dazu überreden sich als Bundespräsident aufstellen zu lassen, worauf er die wahren Worte sagte: „Er ist Journalist geworden, weil er über die Wahrheit berichten will, somit kann er nie ein Politiker werden". Schade um ihn, Österreich hat einen großen Mann verloren, der sicher nicht leicht von jemandem ersetzt werden kann, speziell wenn ich mir die „Journalisten" anschaue die für div. Boulevard Blätter arbeiten.

Hier noch ein paar Infos die nicht von mir sind:

Quelle: Energie Experten

Wieviel Energie steckt im Akku?

Die Untersuchung basierte nicht auf neuen Datensätzen. Statt dessen analysierten die Autorinnen bereits publizierte Berichte und Studien und beurteilten sie nach wissenschaftlicher Qualität und Glaubwürdigkeit. Nachdem sie einige der überprüften Studien verwarfen, kamen sie zu dem Schluß, daß die Produktion der Batterien für jede Kilowattstunde Speicherkapazität 350 bis 650 Megajoule (umgerechnet 97 bis 180 kWh) an Energie verschlang und zwischen 150 und 200 Kilogramm CO_2 verursachte.
Daraus folgte, daß eine sehr große Batterie von 100 kWh, wie sie in

einem Tesla S stecken kann, zwischen 15 und 20 Tonnen CO_2-Emissionen verursacht hat, bevor das Auto auch nur einen Kilometer gefahren ist. Eine kleinere Batterie von 30 kWh wie im Fall des Nissan Leaf belastet das Klima demnach mit 4,5 bis 6 Tonnen CO_2.

Aufschrei in den Medien

In den Medienberichten wurde eine Gegenüberstellung besonders lautstark wiedergegeben, die nicht in der Studie von Romare und Dahllöf enthalten ist. Mats-Ola Larsson, ein Kollege der Autorinnen, hatte nämlich auf Basis der oben genannten Zahlen ausgerechnet, daß ein E-Fahrzeug ganze 100 000 Kilometer bzw. 8 Jahre komplett emissionsfrei gefahren werden müßte, bevor es umweltfreundlicher unterwegs sei als ein durchschnittliches Dieselauto. Für die Berechnung wurden die Emissionen (Mittelwert rund 18 Tonnen CO_2) aus der Batterieproduktion mit den Emissionen verglichen, die aus der Nutzung eines durchschnittlichen Verbrennungsautos unter schwedischen Bedingungen hervorgehen. Die Rechnung berücksichtigte auch den CO_2-Ausstoss für Herstellung und Transport des Treibstoffs (Diesel oder Benzin).

Allerdings wurde die Ökobilanz der fossilen Kraftstoffe etwas verbessert, weil ein erneuerbarer, CO_2-neutraler Anteil an Biotreibstoff von 18 Prozent im Diesel bzw. Benzin angenommen wurde. Dieser Wert sei im schwedischen Markt üblich. Der Vergleich nahm auch nicht die von den Herstellern deklarierten Emissionen von 130 Gramm CO_2 pro Kilometer an, sondern addierte diesem Wert 40 Prozent dazu, die erfahrungsgemäß der Abweichung zwischen Deklarations- und Praxiswerten entsprechen. Mit den erwähnten Korrekturen ergab sich ein totaler Emissionswert von 180 Gramm CO_2 pro Kilometer.

Irreführender Vergleich von E-Auto und Verbrenner

Doch der Vergleich hinkte an einer wichtigen Stelle. Fairerweise hätten ein Elektro- und ein Verbrennungsauto der gleichen

Größenklasse verglichen werden müssen. Im schiefen Vergleich wurde jedoch die sehr große Batterie eines Luxus-E-Fahrzeugs (Tesla Model S) den Betriebsemissionen eines durchschnittlichen Dieselfahrzeugs gegenübergestellt. Es ist anzunehmen, daß ein Dieselauto der Komfortklasse weniger gut abschneiden würde. Wenn ein Verbrennungsfahrzeug der Oberklasse rund 10 bis 12 Liter Treibstoff pro 100 Kilometer verbraucht, ergibt das etwa 300 Gramm CO_2 pro Kilometer. Damit liegen die CO_2-Emissionen für ein solches Auto ungefähr um den Faktor 1,6 über dem im schwedischen Vergleich zugrunde gelegten Durchschnitt. Das bedeutet, daß das Luxus-Elektrofahrzeug bereits nach knapp 70 000 statt 100 000 Kilometern oder rund 5 statt 8 Betriebsjahren mit dem Dieselauto gleichziehen würde.

Quelle: www.sueddeutsche.de

Kobalt kommt meist aus dem Kongo und wird oft Mithilfen von Kinderarbeit gewonnen

Ein Problem ist das kunterbunte Durcheinander verschiedener Batterietypen. Jeder Hersteller behandelt seine Akkus als Betriebsgeheimnis, zudem ändert er dauernd die Zellchemie. Ohne genaue Baupläne und Inhaltsangaben wird aus Altbatterien statt hochwertigen Rohstoffs nur Einheitsschlacke. Apple will den Prozeß selbst in die Hand nehmen, um seine Geräte langfristig komplett aus Sekundärrohstoffen bauen zu können. Der Computerhersteller rechnet vor, daß in 100 000 iPhones unter anderem 1900 kg Aluminium, 710 kg Kupfer, 770 kg Kobalt und elf kg Seltene Erden stecken. Der eigens entwickelte Recycling-Roboter Daisy kennt die Baupläne von neun iPhone-Versionen. Statt den Elektroschrott durch den Schredder in einen Hochofen zu jagen, zerlegt der Werkzeugarm 200 Smartphones pro Stunde mit chirurgischer Präzision. Außer im holländischen Breda gibt es den Recycling-Roboter aber erst in Austin, Texas.

Standard ist die planmäßige "Rückwärts-Fertigung" noch lange nicht, schon gar nicht bei Industriebatterien. Wenn 2025 tatsächlich ein Viertel aller neuen Autos elektrisch fahren soll, wie die EU-Kommission fordert, dann werden rund 20 Millionen E-Mobile auf Europas Straßen unterwegs sein. Die Deutsche Rohstoffagentur Dera rechnet mit einem Jahresbedarf von 700 Gigawattstunden an Akkuleistung im Jahr 2026. Fast zwei Drittel davon entfallen auf Antriebsakkus. Das entspricht 20 Gigafactories nach dem Vorbild von Teslas Batteriefabrik in Nevada.

Die Kobalt-Nachfrage wird sich laut Dera bis dahin auf rund 225 000 Tonnen verdoppeln. Bisher stammen erst zehn Prozent des bläulich schimmernden Erzes aus dem Recycling. Daran wird sich so schnell nichts ändern: VW garantiert für seine Lithium-Ionen-Akkus nach acht Jahren eine Restkapazität von 80 Prozent. Dann lassen sie sich zum Beispiel als stationäre Speicher für Photovoltaik-Anlagen weiternutzen. Erst ab 2025 werden also größere Mengen zurück in den Kreislauf kommen.

Bis auf Weiteres werden Europa und die restliche Welt auf Kobalt aus dem Kongo angewiesen sein. "Auch die größten Projekte, die derzeit neu entwickelt werden, befinden sich alle im Kongo, so daß die Angebotskonzentration bis 2026 auf über 70 Prozent zunehmen wird", so Siyamend Al Barazi: "Weil der Aufbau neuer Förder-Kapazitäten nicht mitkommt, kann es zu erheblichen Problemen in der Versorgung kommen", warnt der Kobaltexperte der Dera. Dabei berücksichtigt die Rohstoffagentur bereits einen veränderten Metallmix für Lithium-Ionen-Batterien: Dank neuer Entwicklungen läßt sich der Kobaltanteil, der für die Langzeitstabilität der Kathoden sorgt, halbieren. Das ist gut für den Rohstoffverbrauch und die Versorgungssicherheit. Das Recycling wird durch den schrumpfenden Anteil des Edelstoffs aber noch unwirtschaftlicher.

Kobalt aus dem Kongo zeigt die schmutzige Seite der Energiewende. Kinderarbeit und die Finanzierung von kriegerischen Konflikten sorgen immer wieder für Skandale rund um den Konfliktrohstoff.

Laut Dera weist Kobalt die höchsten Beschaffungsrisiken unter allen Batteriematerialien auf. Einer Studie des Helmholtz Instituts Ulm (HIU) zufolge könnte die Nachfrage nach Antriebsbatterien die heute bekannten Kobalt-Reserven bis 2050 um das Doppelte übersteigen. Spätestens dann wird Recycling zu einer Überlebensfrage der individuellen Mobilität.

Eine Eindeutige Aussage über das Internet zu bekommen, wie lange eigentlich die Aufladezeit eines Elektroautos ist, macht schon viel Problem. Man kommt auf zig Internet Seiten ohne eine wirkliche Aussage darüber zu bekommen, die meisten davon wollen eine Ladestation oder Ladekabel verkaufen. Jedenfalls ist es ohnehin schon eine Diskriminierung von einem Durchschnittsbürger, nämlich jenen die keine Garage oder Carport haben wo sie eine eigene Ladestation haben, denn im Gemeindebau, falls es eine Garage gibt, gibt es sicher nicht so viele Steckdosen zum anstecken, geschweige denn Ladestationen die gerade dann frei sind wenn man sie braucht. Wenn man bedenkt, daß man je nachdem wie weit die Batterie schon leer ist, entweder über Nacht oder zumindest ein paar Stunden braucht, dann frage ich, wie jemand der zu Hause keine Möglichkeit hat zu laden, und dann zu den immer teurer werdenden Stromtankstellen fahren muß, wie soll das dort gehen? Es ist ja sicher nicht in fünf Minuten aufgeladen? Also sitze ich dann stundenlang im Auto, oder gehe ich vielleicht im Regen spazieren? Jetzt, bald in der sicher wieder kommenden Corona Zeit kann ich nicht mal auf einen Cafe gehen, also ich persönlich kann auf diese umständliche Ladeprozedur gerne verzichten, da sie alles andere als Umweltfreundlich ist, wie uns die Regierung immer vorlügt, vor allem wo der Strom zum Laden eigentlich herkommt, und ich, somit sicher kein Elektroauto haben will!

Gasverbrauch auch für Stromerzeugung

Gas wird Ende April 2022 für Polen abgedreht, nur macht es ihnen nicht viel aus, ihre Gasspeicher sind randvoll! Nur wir haben Manager und Idioten die unsere riesengroßen Speicher nur zu 18% gefüllt haben und den Rest „Luft" lassen, denn wieso soll man Gas einkaufen solange es noch billig war? Wie vertrottelt muß eine Firma oder eine Regierung sein die solche Leute beschäftigt und noch dafür sehr viel bezahlen? Am 27.4.2022 im Hohen Haus, wollten sie beschließen unsere Gasspeicher zu 80% zu füllen, warum nicht zu 100% ist mir nicht klar, aber warum man es jetzt macht wo die Gaspreise am höchsten sind und nicht früher, können nur die verblödeten Politiker im Parlament beschließen, ich würde mir ja auch nicht gerade jetzt, wo die Goldpreise am höchsten sind, gerade jetzt eine Goldreserve anlegen, außer ich wäre genau so verblödet wie unsere Politiker im „Hohen Haus" und natürlich wollen sie allen eine „Pellets" Heizung einreden. Nachdem nun im Juli 2022 der „Ukraine" Krieg schon über vier Monate dauert, hat Rußland den Gashahn schon weiter zugedreht, und die „Gewessler" will uns noch immer einreden, daß unsere Gasspeicher trotzdem gefüllt werden, wie verblödet hält sie uns eigentlich.

Wieder die Elektroauto Werbung, nur niemand sagt dazu, daß unser Strom noch immer zu 40% mit Kohle erzeigt wird, also sicher den CO^2 Ausstoß weniger wird, wenn wir noch mehr Strom verbrauchen! Sie wollen sogar als Notfallplan ein Kohlekraftwerk das jahrelang still stand, wieder aktivieren um Strom zu erzeugen, wo wir aber nun mal sehr teure Kohle auf dem Weltmarkt dafür einkaufen müssen da wir ja keine gelagert haben. Vor allem da die Strompreise nachdem sich schon viele ein Elektroauto gekauft haben, auch die Strompreise an den Stromtankstellen auch um das doppelte teurer wurden. Genauso wie das Gasheizungen verboten werden und man Pellets kaufen soll, die nachdem man vor Jahren viel Werbung machte und die Heizungen machen sollten, die aber alle auch ohne Strom gar nicht funktionieren, dann sofort um das doppelte teurer wurden nachdem genug auf Pellets Heizungen umgestellt haben, wir werden von jeder Regierung nur verarscht! Sie versuchen auch nicht dazu zu sagen, daß selbst die so gepriesene Fernwärme, sehr stark vom Gas abhängig ist.

Nur mal zur Erinnerung was es bedeutet, regiert zu werden:

**REGIERT ZU WERDEN HEISST,
BEI JEDER HANDLUNG, JEDEM GESCHÄFT, JEDER
BEWEGUNG NOTIERT, REGISTRIERT, ERFASST, TAXIERT,
GESTEMPELT, VERMESSEN, BEWERTET, VERSTEUERT,
PATENTIERT, LIZENZIERT, AUTORISIERT,
BEFÜHRWORTET, ERMAHNT, BEHINDERT, BERICHTIGT ...
AUSGENÜTZT, BEHERSCHT, ERPRESST, GEDRÄNGT,
GETÄUSCHT, BERAUBT ZU WERDEN; ALLES IM NAMEN
DES ÖFFENTLICHEN NUTZENS UND DES GEMEINWOHLES.**

Zitat des französischen Sozialtheoretikers Pierre-Joseph Proudhon (1809-1865) aus seinen 1851 erschienen Buch

"Idèe gènèrale de la rèvolution au XIXème siècle"

Aber wie sagte schon Rosa Luxenburg:

„Wenn Wahlen was verändert würden, dann würde man sie verbieten"

Inflation und Teuerung nicht nur 2022

Das der Diesel und Benzin nun über 2.- € (ZWEI) pro Liter kostet, die Lebensmittel ins unermeßliche teurer wurden und noch weiter steigen, werden wir noch mit dem „Fair trade", „Bio" und das neueste „Unwort" wie „Nachhaltig" beschissen und angelogen. Man verlangt von uns die überteuerten Bioprodukte zu kaufen, die man sich mit einer Mindestrente sicher nicht leisten kann, wo man dann so nebenbei später erfährt, der Bio Salat den eine Supermarktkette verkauft, wird auf Feldern in Italien angebaut, wo giftiges Gas aus dem Acker kommt, weil unterhalb vor vielen Jahren, die Mafia ein Giftmülldepot eingelagert hat, und darüber wurde der Bio Salat angebaut und an uns verkauft. Ähnlich wie bei uns wo sie uns die gute Bio Heumilch verkauften, wo der Boden und das Gras für die Kühe von der naheliegenden Zementfabrik oder Kalkbrennerei, komplett verseucht war, wir aber die teure Bio Heumilch konsumierten. In Korneuburg fand man Ende Juni 2022 in einer Schweinefarm die mit dem AMA Gütesiegel ausgezeichnet war, eine Menge toter Schweine die teilweise schon verwest waren, zwischen den anderen Schweinen die auf das Schlachten warten, und man uns von dort das Bio Fleisch verkauften!

Mir persönlich bleibt sowieso nichts anderes übrig, als in den billigen Supermärkten einzukaufen, auch wenn ich die vertrottelte Werbung wo ein paar „Spastiker" herumtanzen wirklich hasse, aber da auch die Werbung von den anderen Supermarktketten nicht besser ist und ich mich frage, wie kann diese Werbung jemanden, außer er ist ein Vollkoffer eigentlich anlocken? Nur mir bleibt nichts anderes als dort einzukaufen, weil die Preise eben für „Flachgeister" wie mich gemacht sind, und ich mir eben die teuren nicht leisten kann.

Da wird immer von der „kalten" Progression geredet, was immer das auch ist, und nur bedeutet, *„Kalte Progression bedeutet eine ansteigende Steuerquote".* Nur haben sie dem verblödeten Volk ja schon den „Euro" einreden können, wo sie den ferngesteuerten erklärt haben, wieviel sie sich ersparen, wenn sie dann im Urlaub kein Geld mehr wechseln müssen und sich damit so viel ersparen! Eher sehr belustigend, denn nun bezahlen wir die Umwechselkurse eben bei den

Bankomatgebühren die manchmal ganz schön „geschmalzen" sind. Vor allem da ja jetzt auch jeder „Nasenbohrer" seine Reisziele schon in sehr fernen Destinationen besucht, wo es wieder keinen Euro gibt, also er um das Umwechseln wieder nicht herum kommt. Oder wie im „Micky Maus" Land, der Euro nicht mal gewechselt wird. Wir reden jetzt von einer Inflation von 8% was ich ja als sehr lustig finde, vor allem wie sie eigentlich wirklich ausgerechnet wird. Nur als wir den EURO bekamen, wurden z.B. die Automaten für die Kinder vor den Supermärkten, wie Feuerwehrautos oder Hubschrauber, wo man 10.- ATS (Schilling) einwerfen mußte, bereits über Nacht zu einem Euro Einwurf umgestellt, das sind alleine hier schon 40% was aber anscheinend niemand aufgefallen ist. Ich habe bereits vor vielen Jahren in meinem Buch „*Zum Denken verurteilt*" geschrieben:

Hat es nicht genügt, mit der Euro-Idee unseren relativ guten und harten Schilling aufzugeben, um dann mit der €-Währung die total weiche Lire, den portugiesischen Escudo und die wackelige griechische Drachme zu stützen? All diese Währungen waren sicher nicht förderlich für einen stabilen und harten Euro, nun „brauchen" wir noch den polnischen Zloty und die türkische Lira, um ja bald mit dem Euro dorthin zu kommen, wo der amerikanische Dollar jetzt bereits ist! Wahrscheinlich fehlt uns zur Stabilisierung des Euro noch der georgische Lari, um richtig glücklich zu werden, den bulgarischen Lew und den rumänischen Leu werden wir ja bald auch stützen dürfen.

Aber sicher wird die Erweiterung der EU in Bälde unserem Euro einen „Vorteil" bringen. Mit den nun bald kommenden „harten" Währungen, die wir auch wieder stützen „dürfen", wie der slowakischen Krone, dem slowenischen Tolar, der tschechischen Krone und dem kroatischen Kuna, werden wir sicher unseren Euro „stärken" können. Ich bin allerdings der Meinung, wir bringen unseren € eher näher zum $! Warum begreift eigentlich niemand, warum die Schweiz so klug war, bei dieser „Farce" nicht mitzumachen? Alle Millionäre haben *und werden ihr Geld sicher nicht in € anlegen, solange es den stabilen Schweizer Franken gibt, oder ist da jemand, der das auch nicht weiß?*

Vielleicht sollten wir doch lieber auf Muscheln, oder besser auf Tauschhandel, umsteigen, damit wir für unser Geld noch etwas bekommen! Denn eines steht fest, für den € bekommen wir nicht mehr sehr viel, wie ich von unzähligen Berichten von meinen Freunden in Österreich gehört habe, keiner kann sich mehr was leisten, und jeder ist froh, wenn er überleben und seine Ausgaben recht und schlecht bestreiten kann. Bald ist es soweit, und wir müssen wie die Amerikaner zwei Jobs annehmen, um alles bezahlen zu können, und wer das nicht sieht, ist blind!

Der ganze Sinn der EU ist, wenn man genau darüber nachdenkt, eigentlich lächerlich, wie kann eine „Europäische Union" funktionieren, wenn die einzelnen Staaten sich nicht einig sind, geschweige denn sich die eigenen Leute nicht vertragen. Vielleicht sollte man die einzelnen Länder und ihre Einwohner einmal genauer betrachten, fangen wir gleich einmal bei uns in Österreich an.

Ich habe schon vor Jahren, als wir noch mit dem Segelboot in den Bahamas unterwegs waren, einen Brief an diverse österreichische Medien geschrieben, was natürlich eher sinnlos war und ignoriert wurde, aber ich will ihn hier trotzdem einflechten:

4. Brief: ***EURO, aber wer will ihn wechseln?***

Wir sind nun seit fünf Jahren auf unseren Segelboot „Key of life I" zwischen Florida, Kuba und den Bahamas unterwegs und erlebten mit dem „EURO" unseren „blauen Wunder"! Nach unserem letzten Kurzbesuch in Wien vor zwei Jahren wurden wir natürlich auch das erste Mal mit dem „EURO" konfrontiert, aber außer daß wir festgestellt hatten, daß alles wesentlich teurer geworden ist nach unserem guten alten Schilling, hatten wir keine Probleme mit der Umstellung, da wir ja die letzten Jahre gewohnt waren in Dollar zu rechnen. Als Europäer nahmen wir uns als Bargeld nun natürlich auch den EURO mit, dem ich doch mehr Vertrauen schenke als den eher „weichen" Dollar aus dem „Micky Maus" Land. Mir persönlich sowieso eher unklar, warum die USA fröhlich neue Dollarnoten drucken kann, und es eher von der Weltbank oder vom Internationalen Währungsfond, ich weiß nicht, wer dafür zuständig ist, ignoriert wird, wie stark der Dollar nun eigentlich wirklich ist? Man weiß ja allgemein, daß wahrscheinlich ein Drittel aller Dollarnoten, die im Umlauf sind, Falschgeld sind, und selbst in der USA selber nimmt nicht mal der kleinste Laden eine zwanzig Dollar Note, ohne sofort mit einen Spezial Filzstift zu kontrollieren, ob er echt ist! In Fort Knox gibt es eher keine Goldreserven mehr, und ich frage mich wiederum, warum man im 19 Jahrhundert in England die „Currency Theorie" entwickelt hat, der zufolge Währungsgeld 100% durch Gold gedeckt sein müsse, wenn es dann Staaten gibt, die ihr Geld nur lustig darauf los drucken können? Aber anscheinend genügt es für dieses Land auf die Banknoten darauf zu drucken: „In god we trust", ich persönlich würde eher den Goldreserven eines Landes trauen als Gott dafür verantwortlich zu machen. Vor allem wie viele Probleme Europa hatte, um endlich den EURO als Währung einführen zu können, mit dem man dann aber eher nur Probleme hat, weil ihn niemand wechseln will, und selbst nach nun über zwei Jahren niemand den EURO kennt!

In Florida, West Palm Beach, wo es unter anderem die teuerste Meile von ganz Florida gibt, waren wir nicht fähig, in einer der Banken unseren EURO zu wechseln, selbst große Bankfilialen wollten unseren EURO nicht wechseln und schickten uns zum Flughafen. Was natürlich nicht nur umständlich, sondern fast unmöglich ist. Von der Bucht, wo wir mit unserem Boot vor Anker lagen, fährt man mit den öffentlichen Transportmittel, wenn es überhaupt möglich ist, einen ganzen Tag zum Flughafen und wieder zurück, oder man bezahlt mit dem Taxi an die 70

Dollar, also ein ganz schön teurer Spaß, um ein paar EURO zu wechseln. Ich frage mich nun wieder, warum kann man in Österreich in jeder Bankfiliale oder sogar in jeder Post den eher unsicheren Dollar wechseln, wenn man in dem „Micky Maus" Land unseren EURO ignoriert, warum lassen wir nicht die amerikanischen Touristen zum Flughafen fahren, um ihren Dollar zu wechseln, haben wir es so notwendig für Touristen zu betteln, oder ist unser EURO nichts wert? Glücklicherweise haben wir die USA nun verlassen und ich hoffe, daß ich auch nie wieder dorthin zurück muß, aber auch in den Bahamas erlebten wir die seltsamsten Gepflogenheiten bei den Geldwechseln. Allerdings muß man den Bahamas zugute halten, in Nassau wechselte bereits die dritte Bank ohne Probleme unseren EURO, und siehe da, hier kannte man den EURO auch, es dürften die Bankbeamten in den Bahamas doch mehr Ausbildung haben als in dem „Micky Maus Land", was aber keinen wundert wird, wenn er die USA kennt und mehr als nur als ein Tourist dort zu tun hatte. Mir ist in den USA klargeworden, warum so viele dorthin auswandern wollen, denn jeder normal zivilisierte Europäer mit Volks- und Hauptschule ist dort eigentlich sofort ein Professor, wenn man den Durchschnitts„IQ" dieses Volkes kennt.

Nun kamen wir aber in den Inseln der Bahamas weiter in den Süden in die Exumas nach George Town. In dieser kleinen Stadt gibt es nur eine einzige Bank, die Scotia Bank, und da gibt es eine ganz spezielle „Bankpolicy", diese Verfahrensweise wurde mir auch vom Manager erklärt. Die Scotia Bank wechselt zwar kanadische Dollar und englische Pfund, aber keine EURO! Hier meinte die Managerin sogar, ich müßte nach Nassau fliegen, um meine EURO wechseln zu können, was mich ca. 200 Dollar kosten würde. Ist das der Sinn gewesen, daß wir den EURO eingeführt haben? Wenn ja, dann verstehe ich den Sinn nicht so ganz. Was wird nun werden, wenn wir noch weiter in den Süden segeln, bin ich nun gezwungen alles in Dollar zu wechseln und jeden

Tag am fallenden Kurs mein Geld zu verlieren? Das ist bei unserem doch eher knappen Budget nicht sehr aufbauend, vor allem da man in den Inseln auch mit diversen Kreditkarten keine Chance hat. Vielleicht sollte man den EURO doch wieder abschaffen und wieder auf „Muscheln" umsteigen, viel Unterschied zum Dollar dürfte da ja nicht sein.

Das ist meine Erfahrung mit dem EURO und meine Meinung dazu und ich kenne eine Menge Leute, die sie teilen.

Mit freundlichen Grüßen aus den Bahamas, Ihr Skipper Erich Beyer

Nun was ich da vor Jahren geschrieben habe, ist ja alles wirklich zugetroffen, wenn auch „schleichend" und nicht wie in Venezuela, wo man ja immer gleich um drei Stellen den „Verfall" gesehen hat, wo man dann von 1.000 Bolivares auf den „Bolivar Forte" zurück gestuft wurde und nur mehr 1.- „EINEN" Bolivar Forte für 1.000 Bolivar bekam. Nur wurde das Volk nicht belogen, denn auch der Dümmste konnte es nicht übersehen. Aber vielleicht merken es jetzt unsere „Sechs" Kategorien von Österreichern, wenn sie für einen Tank beim Auto auf einmal, statt 50.- € fast 100.- € bezahlen müssen? Da dürfte nun die Inflation sicher über 50% sein, aber die Quote wird anscheinend ignoriert und nicht mitgerechnet. Mit den Preisen im Supermarkt bescheißen sie uns unter dem AMA Güte „Siegel", „Fair Trade", „BIO" und „Nachhaltig" ja schon lange.

Plenarsitzungen im "Hohen Haus" vor Sommerpause

Es genügt eigentlich schon nur eine halbe Stunde hier zu zuhören um einem den Blutdruck in die Höhe zu bringen und die Galle aufsteigen zu lassen. Es ist auch hier immer wieder das Selbe, die von der Opposition sind sich immer einig, und wenn sich da mal DREI Parteien einig sind, dann nur darüber, daß die VIERTE Partei alle falsch gemacht hat. So wie in einer Rede von der SPÖ Vorsitzenden behauptet wird, ihre Partei muß dann immer den „Karren" aus dem Dreck ziehen, da muß ich mich schon fragen, wann es die SPÖ schon einmal gemacht hat, denn wenn ich da zurück denke, fällt mir manches ein, aber nicht unbedingt Gutes.

Auch wieder ein „highlight" in der Kariere von Pamela Rendi-Wagner der Parteiobfrau wo sogar nach dem größten Absturz, „Die Richtung immer noch stimmt" wurde nun mit 75% wieder gewählt, nun wahrscheinlich sterben die Wähler von früher für die SPÖ auch langsam aus, denn das Motto „rot bis in den Tod" dürfte nicht mehr ganz aufgehen, dafür bekommen sie aber alle Migrantenstimmen, denn sie wollen ja alles nach Österreich bringen, um in der Zukunft wieder neue Wählerstimmen zu „züchten" darum wollen sie am liebsten jeden der nach Österreich reinkommt, sei es legal oder nicht, auch gleich die Staatsbürgerschaft dazu schenken, es genügt anscheinend nicht, das von allen denjenigen, unser Sozialsystem „ausgesaugt" wird, egal ob die wirklichen österreichischen Staatsbürger dabei auf der Strecke bleiben. Da sie ja eine „Vollblut" Politikerin ist, erübrigt sich nochmals darüber zu schreiben, was ich von Politikern im Allgemeinen halte, nur wenn ich die SPÖ Obfrau sehe, erinnert es mich immer an die Schlange „Kaa" im Dschungelbuch wenn ich sie auftreten sehe und reden höre. Sie fühlt sich auch mit den 75% noch immer bestätigt, obwohl da eigentlich der Song aus dem Jahr 1968 von „Hildegard Knef" passen würde „Von nun an gings bergab" wo ja jetzt die Richtung dazu stimmt!

Laut Aussagen der SPÖ vom 1. Mai 2022 wo sie sagt es waren 100.000 Anhänger bei der Feier, die Polizei sagt aber 2.000, also da klafft ja schon eine weite Auffassung bei den Angaben, oder nicht? Zu den Volksbegehren vor vielen Jahren, soweit ich weiß, weil ja die SPÖ alles besser macht, wie die „Kaa" Rendi Wagner behauptet, gab es über eine Million Unterschriften das „Austria Center nicht zu bauen, nur die SPÖ mit Kreisky hat es trotzdem gebaut. Ähnlich war es beim Atomkraftwerk, nur halt etwas anders, da baute man es vorher und nachher fragte man das verblödete Volk und hatte nun das teuerste Freilichtmuseum der Welt herum stehen, nun das zur SPÖ und Kreisky. Noch etwas weiter zurück hat Kreisky mit der SPÖ den Rentenfond ganz einfach umgewidmet ohne jemanden zu fragen und dann waren die Pensionskassen leer und man mußte Kredite aufnehmen um die Pensionen aus zu zahlen. Wenn dann eine Partei in ihrer Legislatur Periode schnell die „Südost Tangente" baut um zu sagen, wir habe das gemacht! Aber.. jeder Sachverständige und Fachmann für Verkehrsaufkommen, schon voraus sagt, das ZWEI Spuren zu wenig sind, man es aber ignoriert, um dann Jahre später wieder für Jahre eine Baustelle zu haben um neue Spuren dazu bauen zu müssen, dann frage ich mich schon was ich von solch einer Partei halten soll?

Was die NEOS, wo ihre Vorsitzende immer bessere Ideen als die anderen hat, sie weiß immer was man machen muß, nur hat sie keine Ahnung wie man sie durchsetzen kann, außer ihren „Gelabber" ist nichts dahinter, sie kann nur Kritik üben, aber weiß nicht wirklich was man realistisch tun könnte sie verteilt nur das Geld, sagt aber nie wirklich wovon es herkommen soll. Was die von der FPÖ von sich geben ist eigentlich auch keine Zeile wert, nur wie man einen „Kickl", der dem blöden Volk eine „Pferdemedizin" gegen „Covid" vorschlägt, überhaupt noch öffentlich auftreten läßt und er im TV noch immer reden darf, ist mir sowieso sehr unverständlich. In der Plenarsitzung wird dann von der Opposition natürlich nur von der „schwachsinnigen Politik" der

Regierung geredet, aber bitte was ist dann „Kickl" wenn sie dem glauben, das "Ivermectin" ein Wurmmittel für Pferde gegen Corona hilft, auch wenn sie daran sterben! Also wie müssen sie diesen Leuten ins Hirn geschissen haben?

Da mir sicher auch die ÖVP nicht gerade gefällt, wie ich ja schon am Anfang geschrieben habe, und sie es in der Regierung nicht gerade leicht hat, nur hat man sie, speziell den „Kurz" ja „kalt" erwischt, denn was mit „Corona" da auf sie zukam, war nicht leicht zu bewältigen, es hatte keiner eine Ahnung wie man da handeln sollte, außer daß die Oppositionsparteien natürlich wußten wie man es machen soll, auch wenn keine von Ihnen auch nur die geringste Ahnung von dieser Pandemie hatten, Hauptsache mal Kritik an der Regierung führen. Das da auch viele Gesundheitsminister damit überfordert waren muß auch dem „Dümmsten" klar sein, und auch der jetzige „Rauch", der mich irgendwie an einen von den „Marx Brothers" erinnert, wird es nicht zufriedenstellend, vor allem für die Opposition, lösen können. Vor allem wenn man ja alles wieder ignoriert hat, und ein paar Tausend ferngesteuerte am Donauinselfest feiern ließ, und wieder mal die „Eigenverantwortung" dem verblödeten Volk überläßt. Jedenfalls sind die „Corona" Fälle jetzt im Juli 2022 wieder stark angestiegen, und das, obwohl man gar nicht so viel testet, also nach Aussagen von Virologen, die Dunkelziffer wesentlich höher sein wird. Es hat ja jetzt im Juli sogar den Vizekanzler „Kogler" erwischt und er hat „Covid" bekommen.

Es wird ja jetzt am 14. Juli 2022 davon gesprochen, das es schon eine Sommerwelle von „Covid" gibt, jetzt mal mit 15.000 Infektionen am Tag, nur lassen sich immer weniger testen, weil sie Angst vor Isolation haben und somit auch nicht in die Quarantäne gehen wollen, wo wir wieder bei der Eigenverantwortung wären. Das man den Zahlen und der Statistik über die Betten in Spitälern nicht glauben kann, was da wirklich wegen „Covid" notwendig wäre, und viele nur im Spital sind und dort unter dem Vorwand „Corona" liegen, aber eigentlich nur, weil sie niemanden haben der sie zu Hause betreuen kann und für sie zu sorgen. Also wir sind nicht mal fähig, wenigstens da eine korrekte Datenzahl zu erfassen. Aber wie sagte schon mal Churchill: *„Er glaubt nur einer Statistik die er selber gefälscht hat"*

Ich kann mich noch erinnern, wie man den „Selfidoten" eine „Corona" APP eingeredet hat, die aber ähnlich wie die Webseite vom „Kaufhaus Österreich" ein Reinfall wurde, und man jetzt eigentlich gar nichts mehr davon hört. Ich habe schon in meinem vorigen Buch eine Erklärung dazu geschrieben:

Warum die Stop Corona APP nicht funktionieren kann!

https://www.schneier.com/blog/archives/2020/05/me_on_covad-19_.html
teilweise übersetzt von translate.google.co.uk vom 8.5.2020

Dies ist ein klassisches Identifikationsproblem, und die Wirksamkeit hängt von zwei Dingen ab: "falsche positiven" und "falsche negativen" Ergebnissen.

Falsches Positives: Jede App hat eine genaue Definition eines Kontakts: Nehmen wir an, es ist länger als zehn Minuten weniger als zwei Meter. Die falsche-Positiv-Rate ist der Prozentsatz der Kontakte, die nicht zu Übertragungen führen. Dies wird mehrere Gründe haben. Erstens sind die Standort- und Näherungssysteme der App - basierend auf GPS und Bluetooth - einfach nicht genau genug, um jeden Kontakt zu erfassen. Zweitens sind der App keine "mildernden" Umstände wie Wände oder Trennwände bekannt. Und drittens führt nicht jeder Kontakt zur Übertragung; Die Krankheit hat eine Übertragungsrate von weniger als 100% (und ich weiß nicht, was das ist).

Falsches Negatives: Dies ist die Rate, mit der die App einen Kontakt nicht registriert, wenn eine Infektion auftritt. Dies wird auch mehrere Gründe haben. Erstens Fehler in den Standort- und Näherungssystemen der App. Zweitens Übertragungen von Personen, die die App nicht haben (selbst Singapur hat eine Adoptionsrate von 20% für die App nicht überschritten). Und drittens ist nicht jede Übertragung das Ergebnis dieses genau definierten Kontakts - das Virus wandert manchmal weiter.

Angenommen, Sie nehmen die App zum Einkaufen mit und werden anschließend über einen Kontakt informiert. Was sollte man tun? Es ist nicht genau genug, um sich zwei Wochen lang unter Quarantäne zu stellen. Und ohne allgegenwärtige, billige, schnelle und genaue Tests können Sie die Diagnose der App nicht bestätigen. Der Alarm ist also nutzlos.

Angenommen, Sie überprüfen die App nach einem Lebensmitteleinkauf, und werden nicht über Kontakte informiert. Ist alles in Ordnung? Nein, vielleicht nicht. Sie haben eigentlich keine Ahnung, ob Sie infiziert wurden.

Das Endergebnis ist eine App, die nicht funktioniert. Die Leute werden ihre schlechten Erfahrungen in den sozialen Medien veröffentlichen und die Leute werden diese Beiträge lesen und erkennen, daß der App nicht vertraut werden kann. Dieser Vertrauensverlust ist noch schlimmer als überhaupt keine App zu haben.

Es hat nichts mit Datenschutzbedenken zu tun. Die Idee, daß die Kontaktverfolgung mit einer App und nicht mit Fachleuten für menschliche Gesundheit durchgeführt werden kann, ist einfach nur dumm.

Ich weiß nicht wie viele „Corona" Wellen wir jetzt schon hatten, nur eines ist ziemlich sicher, nach diesem Sommer 2022 werden wir wieder gröbere Probleme haben, egal ob es die VIERTE Impfung betrifft oder ein neuerlicher „Lockdown" die Schuld werden sie auf jeden Fall der Regierung und den vielleicht noch im Amt befindlichen „Rauch" geben, denn was anderes ist einer Opposition ja noch nie eingefallen. Jedenfalls haben wir jetzt bereits um Juli 2022 Probleme genug Personal für das „Kontakt Tracing" zu finden, wo ich sehr bezweifle, daß die Leute, speziell die mit Migranten Hintergrund, nach einem Grill auf der Donauinsel dann wirklich alle Freunde und Bekannten bei einem „Covid" Ausbruch, verraten. Nur das würde ja auch zu der „Eigenverantwortung" gehören, die bei uns, wie der „Hausverstand" beim „Billa" geblieben sind. Zum Kontakt haben, fällt mir nur ein Spruch ein, der angeblich auch von Einstein sein soll.

Der Hauptgrund für Streß ist der tägliche Kontakt mit Idioten!

Leider ist dieser Kontakt mit sechs Kategorien im täglichen Leben unvermeidlich, so gut ich es aber versuche und vermeide. Ich wurde leider bei meiner Rückkehr nach Österreich, nach dem langen Jahren am Segelboot, wirklich zu einem „Weltverdruß" und er Leser möge mir bitte verzeihen, ich will mich nicht in diese SECHS Kategorien von „Menschen" einfügen, und so wenig wie möglich mit ihnen zu tun haben.

Bitte mich nicht falsch zu verstehen, ich halte mich nicht für „elitär", noch „besser" oder „gescheiter" nur so lange es in unserer Gesellschaft, Kategorien gibt, für die man Sendungen im TV machen kann und es Leute gibt die sie sich ansehen, und man weiter solche Sendungen produzieren kann, wie: *„Ein Bauer sucht Frau", „Das Geschäft mit der Liebe", „Teenager werden Mütter", „Tinder Reisen", „Amore unter Palmen", „Tutto Gas", „Austrias next Top Model", „Die Lugners", „Geil, so treibst Österreich", „Mein Gemeindebau", „Nacktes Österreich",* usw. Ich könnte noch viele aufzählen, wo alleine das zusehen schon starke Schmerzen bereitet, und mit diesen Leuten will ich sicher nicht auf eine „Stufe" gestellt werden, denn es ist eine persönliche Beleidigung, die man keinen Menschen antun sollte, der im Vollbesitz seiner geistigen Kräfte ist, was ich bei den Leuten die sich so was ansehen, ohne sie beleidigen zu wollen, doch sehr bezweifle, denn diese Sendungen kann man sich nur ansehen müssen, wenn man eine Wette verloren hat, oder in einer Gefängniszelle als Strafverschärfung!

Bei der Plenarsitzung vom 8. Juli 2022 wird wieder heftig diskutiert, wie man mit Unterstützungen von Kindern, die von unseren ausländischen 24 Stunden Hilfen umgehen soll, da die Kinder ja NICHT in Österreich sind, aber die volle Unterstützung bekommen sollen wie von unseren Arbeitskräften die ihre Kinder hier in Österreich haben, und für sie auch das Geld in ÖSTERREICH ausgeben müssen und nicht in

Rumänien, Tschechien, Bulgarien, Kroatien oder wer weiß sonst noch wo. Nun eines ist sicher, die 24 Stunden Pflegerinnen kommen nicht zur Arbeit nach Österreich, weil sie unser Land so lieben und nur für Österreich Gutes tun wollen, sondern weil sie bei uns mehr Geld als in ihrem Land verdienen, oder dort überhaupt keine Arbeit für diesen Job bekommen würden. Also fließt ihr Geld sofort ins Ausland und die österreichische Wirtschaft geht leer aus, wie es auch schon vor sehr vielen Jahren der Fall war, an das ich mal von vorigen Bücher kurz erinnern will, was ich schon vor vielen Jahren aufgezeigt habe und ähnliche Folgen hat wie wenn wir Kinder die nicht in Österreich leben, aber trotzdem unterstützen, wo aber der Schaden von Österreich und den Steuerzahlern getragen wird, und es noch vor vielen Jahren, noch in Schilling Zeiten bereits der Fall war:

Für jene, die etwas mitrechnen, möchte ich ein anderes Exempel anführen. Seit mehr als dreißig Jahren haben wir Hunderttausende von Gastarbeitern, die in Österreich arbeiten und ihr Geld wirklich sparen, was ja ihr gutes Recht ist. Nun aber wieviel Schaden damit Österreich entsteht und entstanden ist, über das denkt anscheinend niemand nach oder will es nicht aufzeigen. Denn auch wenn in vielen Fällen die Familie nicht nachkommt, gehen Millionen jedes Jahr verloren, die aber jeder Österreicher bezahlt, weil er eben keine Verwundten in Jugoslawien oder der Türkei hat. Um es etwas leichter verständlich zu machen, was ich damit meine, eine „Schulmädchenrechnung".

Ein Jugo (das soll keine Beleidigung sein, denn JUGO bedeutet eigentlich nur: „Der aus dem Süden kommt") bekommt unsere Staatsbürgerschaft und arbeitet in Österreich, und ich rede hier von jenen, die nicht ihre ganze Familie nachkommen lassen. Um hier nur irgendeine gerade Zahl zu nennen, um die Rechnung verständlich zu machen, er verdient Netto nach allen Abzügen 10.000 Schilling. Davon braucht er für die Miete 200.- Schilling im Monat, weil er mit anderen

Gastarbeitern zu 20igst (zwanzigst) in einer „Zimmer – Küche" Wohnung lebt. Für das Essen gibt er, weil er sehr sparsam lebt, bestenfalls 1800.- Schilling aus, und den Rest von 8000.- Schilling sendet er monatlich zu seiner Familie nach Jugoslawien, wo sie sich ein Haus bauen mit Fremdenzimmer, um sie dann an uns vermieten zu können. Er kann ja mit seinem Geld machen, was er will, denkt man, aber es funktioniert nicht für unseren Staat, in dem er arbeitet und alle Vorteile vom Sozialsystem genießt. Denn dieses Geld fehlt in unserem Budget, denn es wird NICHT bei uns in Österreich ausgegeben, sondern in Jugoslawien, also kann es so nicht funktionieren, speziell dann nicht, wenn sie dann in der Rente auch noch zurück nach Jugoslawien gehen und somit auch noch dieses gesamte Geld aus Österreich rausgeht. Das passiert aber seit mehr als dreißig Jahren in unserem Land, und auch das sind keine Einzelfälle, sondern es sind Hunderttausende Gastarbeiter, die es so gemacht haben und noch immer machen, und somit fehlen Milliarden von Schilling in unserer Wirtschaft, die nie in Österreich ausgegeben werden! Und das spüren wir nun ganz deutlich, und daran wird weder die EU noch der € etwas ändern. Auch diejenigen, die mit der ganzen nachgekommenen Familie hier sind, belasten unser System und die Wirtschaft, oder sieht das jemand anders? Auch der Dümmste müßte begreifen, daß sich der Motor eines Wirtschaftssystems nur unter bestimmten Bedingungen anstandslos drehen kann, mit unserer Gastarbeiterpolitik ist eindeutig Sand ins Getriebe gekommen, deren Auswirkungen wir bereits stark spüren, und ich glaube, daß kann bereits jeder, der in Österreich lebt, bestätigen. Wieder sind die 10% Gastarbeiter ausgenommen, die sich in Österreich integriert haben und versuchen mit uns zu leben und unseren Staat nicht nur ausnützen, obwohl ich nicht glaube, daß es 10% sind, die nur 1,5 Kinder im Durchschnitt haben. Man kann eben ein Volk, wo das „Züchten" seit Jahrtausenden als „Pflicht" angesehen wird, nicht mehr anders orientieren, speziell wenn dann noch der Papst vorbeikommt und ihnen sagt „vermehret euch", auch wenn dabei wie in Afrika die

Kinder verhungern, er hat ja kein Problem damit, er lebt ja nicht dort und hat selber genug zum Essen, und auf das würde er trotz angeblicher „christlicher Nächstenliebe" sicher nicht verzichten.

Es ist natürlich nicht abzustreiten, daß z.B. eingebürgerte Türken auch einen Vorteil für die Wirtschaft bringen, vor allem wenn sie dann Heiraten. Die Sitten und Gebräuche kosten eine Menge Geld, und man nimmt für eine Hochzeit in Deutschland bis zu 50.000.-€ (fünfzigtausend) an Krediten auf, um „standesgerecht" zu feiern. Das wiederum erinnert mich dann an den „Generationenkredit", wo ein von den Eltern aufgenommener Kredit sogar noch die weiteren Generationen belastet, um ihn zurückzuzahlen. Was natürlich jedem die Chance nimmt, sich in der Zukunft zu verändern, denn außer jeden Monat den Kredit zurückzuzahlen bleibt ihm im Leben nichts mehr übrig. Der Regierung und vor allem den Banken ist es natürlich mehr als recht, denn diese „Schafe" haben sich ihr Leben lang verpflichtet und verpfändet und sind für immer gebunden und abhängig von diesem Staat, ohne jemals aus den Zahlungen rauszukommen, dafür sorgen die weiteren Hochzeiten. Wie wertvoll das für die zukünftige Lebensqualität dieser Leute nun ist, ist für mich mehr als fraglich.

Wenn diese und alle vorherigen Regierungen ein Gesetz gemacht hätten, das unsere einheimischen Pflegekräfte mit einem guten Lohn versorgt würden, dann könnten wir uns ersparen 24 Stunden Pflegekräfte aus dem Ausland zu besorgen, wo dann Geld gespart wird und ein paar Agenturen daran verdienen. Die Pflege von älteren Personen für 24 Stunden ist ein harter Job, wie ich aus eigener Erfahrung bei meiner Tante gesehen habe, und das gehört auch gebührend belohnt. Aber zu solchen Maßnahmen sind bis Dato keine der Regierungen fähig gewesen. Somit sind wir auf Länder wie Rumänien, Bulgarien, Kroatien und Tschechien angewiesen um unsere älteren Bürger versorgen können.

Nun zum Glück, hatte da jemand eine Idee, da es uns teilweise an Pflegepersonal fehlt, speziell in kleineren Orten, und wir bilden nun *„Community health nurses"* aus! Ja wie sehr haben sie diesen Volltrottel ins Hirn geschissen, der österreichischen Pflegekräfte solch einen Namen gibt? Sind wir in England oder in den USA? Der größte Teil unserer Jugend ist nicht mehr fähig einen kompletten Satz in Deutsch zu schreiben, weil sie entweder alles nicht mehr ganz aussprechen, oder Worte einer Sprache verwenden, die sie noch weniger beherrschen, aber es „in" oder „hipp" ist. Nun wieso müssen wir in Österreich dem Pflegepersonal solche englische Namen geben? Wieso können solche „Vollkoffer" in einem öffentlichen Amt sein und dafür noch, wahrscheinlich viel Geld kassieren? Wie wenig sind wir eigentlich noch Patrioten um alles zu „verenglischen", haben wir das wirklich nötig, sich auf die Stufe auf z.B. Amerikaner zu stellen? Derjenige der aber eine Österreichischen Organisation den Namen: „Community health nurses" gibt, dürfte aber auf dieser Stufe stehen.

Für die habe ich schon in vorigen Büchern eine zutreffende Aussage gemacht:

Besonders stolz bin ich auf ein AKRONYM, das mir für die USA eingefallen ist, speziell weil in den „gescheiten" Nachschlagewerken dabei sogar die USA (United States of America) als Beispiel für ein AKRONYM angegeben ist. Wahrscheinlich weiß jeder, was ein AKRONYM ist, es aus dem griechischen kommt und ein aus den Anfangsbuchstaben mehrere Wörter gebildetes künstliches Wort ist, wie eben USA. Nur mein AKRONYM, nämlich „IIII" für das Micky Maus Land, gefällt mir persönlich wesentlich besser, vor allem weil es voll zutrifft. Allerdings glaube ich, daß wenig Chance besteht, daß es jemals in ihre Verfassung statt der Bezeichnung „USA" aufgenommen wird.

Man kann die Leute in Nordamerika, speziell die Politiker, mit vier großen „I" sehr gut und treffend beschreiben:
IIII: Incredibly - Insane - Ignorant - Idiot

Frei Übersetzt würde es ungefähr bedeuten:

Unglaublich geisteskranke unwissende Idioten!

Jahre später, als ich die vier „I" erfand, erfuhr ich durch einen eher nicht sehenswerten Film die übersinnliche Bedeutung von den „IIII". Die vier digitalen Striche standen auch für die Ziffer „1" und bedeuteten damit die Uhrzeit „1111", und die Personen des Films glaubten daran, es für das sogenannte „Hells gate"[6] steht, das mit „IIII" bezeichnet wird und sich um 1111 Uhr zur schwarzen Dämonenwelt öffnet. Als ich das herausfand, war ich sehr amüsiert, aber vielleicht sollte man es ernst nehmen und als Omen betrachten, daß ich dem Micky Maus Land diese Bezeichnung gab?

Ich denke, man muß es verdammt ernst nehmen, denn wenn ich mich recht erinnere, dann fängt ja auch der „Mainzer Karneval" am 11.11. um 1111 Uhr an, und wenn das kein böses Omen ist, was dann? Es kann doch keine größere „Pein" geben, als wenn man sich „Mainz wie es singt und lacht" ansehen muß! Obwohl ich dazu auch eine gute Idee hätte. Ich weiß nicht, ob es heute noch so gehandhabt wird, aber früher hatte man für schwere Verbrechen als zusätzliche Bestrafung an dem Tag der Tat Dunkelhaft, hartes Lager und nur Wasser und Brot bekommen! Vielleicht wäre es besser, als Strafverschärfung die Gefangenen zu zwingen sich „Mainz wie es singt und lacht" oder „Den Villacher Fasching" ansehen zu müssen, ich glaube, daß es besser wirkt und sie reumütig über ihre Tat nachdenken würden.

---

[6]   Höllentor

Keine Kontrolle über das Internet

Am 7. Juni 2022 haben 8 Lehrer die vollkommen vertrottelt sein mußten, 99 Schüler auf eine Wanderroute aus dem Internet geführt und alle kamen in Bergnot und mußten dann von Hubschraubern aus dem „Klein Walsertal" ausgeflogen werden. Wenn ich daran denke, daß nun diese Lehrkräfte die Verantwortung über mein Kind haben dürfen, dann zweifle ich doch sehr stark an den Fähigkeiten was wir da in unserem Bildungssystem so eingestellt haben. Ich weiß zwar, daß es genug Idioten gibt, die sich so viele APP's wie möglich auf ihr „Smart Phone" runter laden, und viele auch alles glauben was da geboten wird, aber von Lehrkräften hätte ich doch etwas mehr Bildung erwartet, als etwas ungeprüft zu benutzen und damit andere Menschen, in diesem Fall sogar Kinder, in Gefahr zu bringen.

Nun wir haben und werden auch nie eine Kontrolle über das haben, was jeder Vollidiot, Influencer, und „Youtuber" so reinstellt, das dann, um dieses neue Modewort zu benutzen „VIRAL" geht, hört sich für mich sogar richtig an, denn es ist wie ein böser Virus der sich hier verbreitet. Wie ich schon mal bemerkte:

Aber wenn eine degenerierte Gesellschaft sogenannten „Influencer" die eher „Influenza" im Gehirn haben, die ihre Kinder mit zig Fotos zur Schau stellen, und jeder „Scheiß" auf „You tube" von den „Selfidoten" und anderen Ferngesteuerten angeklickt und geteilt werden, und sogar mit „likes" versehen werden, und somit noch viel Geld verdient wird, wenn man mit „tik tok" Kühe erschreckt und Idioten das nachmachen mit Liedern die ich als akustische Umweltverschmutzung bezeichne, von dem vertrottelten Tanz gar nicht zu reden. Wie ein Bauer dazu sagte: **Euch hat man ins Hirn geschissen!** *Speziell wenn es dann um Gewaltvideos von Demos und Plünderungen geht, wo sich dann die wirklichen „Untermenschen" die links weitersenden, und sie noch „liken" wo es ja nicht einmal der* *größte Vollkoffer als richtig empfinden kann, wenn man Geschäfte plündert und Autos anzündet. Dann weiß ich, daß mit solchen Leuten unsere Menschheit auf einem Tiefpunkt angelangt ist, und daran wird auch Corona nichts ändern können. Unsere Erde hat nur eine Chance mit der nächsten Sintflut, denn für Pest und Cholera gibt es ja leider schon Medikamente.*

Also was kann ich dann, von Lehrkräften erwarten, die sich von so einem Medium ein APP runterladen, ohne sie zu überprüfen ob diese Route auch wirklich nur eine Wanderroute ist, vor allem, auch für Kinder geeignet? Nicht nur im Internet, sondern in allen sozialen Medien kann man die unglaublichsten Geschichten und Storys lesen, und viele gibt es, die sie auch glauben.

Auf „face book" und „Whats app" kursieren immer mehr falsche Meldungen und Verschwörungstheorien, und natürlich auch auf „U-tube" wo diverse Foren und „Bloggern" von millionen von „Ferngesteuerten Nasenbohrern" die „klicks" bekommen und damit natürlich viel Geld verdienen, und das schon sowieso total verblödete Volk noch verblödeter wird. Man kann es nicht aufhalten, auch wenn angeblich 90% der „postings" anhand der Algorithmen die „fakes" oder Verschwörung Theorien sind, automatisch erkannt und gelöscht werden, obliegt es aber trotzdem den Firmen was nun gelöscht wird oder nicht! Wie Einstein schon sagte: Die Dummheit ist sicher unendlich, von den „Sechs Kategorien" die es in der Menschheit gibt.

Paul Horner, ein Satiriker, aus den USA / Arizona hat eine Geschichte erfunden, wo er einen Bericht über einen Demonstranten gemacht hatte, der behauptet hat, er hätte 3500.- US$ bekommen, um gegen Trump zu demonstrieren. Er hat geglaubt, da er auch dabei eingeflochten hat: „Aktivisten gesucht, Politik Kenntnisse und Kampferfahrung von Vorteil", das sich die Geschichte selbst demaskiert und als „lächerlich" erklärt. Nun es ist ihm das schlimmste passiert was einem Satiriker passieren kann, die Geschichte wurde ernst genommen! Und das obwohl unter der Schlagzeile stand: „Die Geschichte ist nicht wahr ihr Idioten!" Nun trotz allem, wurde diese Geschichte von den *ferngesteuerten Selfidoten, auf Face Book, Whats app, Twitter und was es sonst alles für die ferngesteuerten Nasenbohrer an „social Medien" gibt, Hunderte Millionen mal geteilt und weiter gesendet. Sogar Trump konnte diese komplett lächerliche und erfundene Story, sogar für seinen Wahlkampf nutzen.*

Mich erinnert das an meine Zeit bei der Bezirkszeitung zurück, wo wir eine Kolumne hatten, mit dem Titel: ***„Die unglaublichen Wiener Geschichten"**** und obwohl am Titel mit einem „*" gezeichnet war, wo dann unter dem * am Ende des Artikels zu lesen war: ***„ * Diese Geschichten sind frei erfunden. "*** Nur das verblödete Volk ist nie fähig, auch was wirklich zu lesen, geschweige denn, bis zum Ende, und somit bekamen wir einmal auf die Geschichte:

Das man versucht die Tauben in der Großfeldsiedlung heimisch zu machen, sie mit Gewichten an den Füßen daran hindern will, weite Distanzen zurück zu legen, und somit in der Großfeldsiedlung bleiben müssen!

Ich persönlich würde dort auch nicht freiwillig wohnen wollen, aber das steht ja hier nicht zur Debatte. Jedenfalls liefen am nächsten Tag die Telefone heiß, viele Tierschützer haben sich über Tierquälerei beschwert und sogar den Tierschutzverein angerufen. Also so funktioniert es eben mit „fake News" auch, und mit 90% der verblödeten Menschheit, egal in welchem Land es ist.

Ich frage mich, wieso man Millionen dafür ausgibt, daß ganz Österreich eine Breitband Verbindung fürs Internet bekommt, wahrscheinlich damit man auch den dümmsten Hinterwäldler in „Kickritzpotschn" und „Hinterstinkenbrunn" noch gut überwachen kann, nur frage ich mich wieder, wieso sie ein „5G" Netz machen wollen, wenn nicht mal das „3G" wirklich funktioniert? Ich habe in Klosterneuburg am Berg nur die Möglichkeit mit meinem kleinen Router und SIM Karte ins Internet zu kommen, und da brauche ich manchmal für ein Foto per Email zu versenden, das gerade 3 MB hat, fast 10 Minuten, von der Handy Verbindung gar nicht zu reden, also wieso funktioniert das nicht mal so nahe einer Stadt? Selbst unten in der Wohnung, wo der nächste Handymast gar nicht weit weg ist, kommt man nur sehr langsam ins Internet, und auch mit Handy fliegt man zigmal aus der Leitung, selbst wenn ich neben dem Fenster sitze. Mit meinem „DREI" Netz bekomme ich mit dem „Smart Phone" die meiste Zeit über, überhaupt keine Internetverbindung. Nun müßte ich mir dort eine Festnetzleitung besorgen und natürlich bezahlen, für das ich aber sicher kein Geld habe, aber man in diesem vertrottelten System alles über Internet machen soll, was aber leider nicht besonders gut funktioniert, und sicher nicht, weil wir gerade eine Pandemie haben, es war vorher genau so Besch...eiden! Es ist zwar in der Werbung schön wenn alles „Magenta" ist, es ist aber eher „braun" wie scheiße wenn es nicht funktioniert!

Zollformulare bei der Post nur mit Internet oder APP

Am 11.Juli 2022 kommt wieder mal ein Zwang zum Internetanschluß von der Post! Es ist nicht zum glauben, was bei uns in Österreich alles möglich ist, und für was uns sogar die Post zwingen will. Meine Frau Gabriela wollte heute in Klosterneuburg ein Paket mit zwei Büchern für meinen Freund Stefan in Schottland aufgeben, nur kam sie etwas frustriert, unverrichteter Dinge mit dem Paket wieder aus der Post. Es wurde ihr gesagt, dazu muß sie ein Zollformular ausfüllen, denn „Schottland" ist ja nicht mehr in der EU! Die Frage ob sie das Formular nicht auf der Post ausfüllen kann wurde mit NEIN beantwortet, aber wenn sie eine Referenznummer hat, können sie es dann in der Post ausdrucken. Natürlich kann man sich die Post APP runterladen und dann mit dem scheiß „Smart Phone" im Internet alles erledigen, wo aber die Voraussetzung, Erstens ein „Smart Phone" ist, und Zweitens, man auch einen Zugang zum Internet hat, was sich aber nicht jeder leisten kann, obwohl natürlich sicher 95% der Sechs Kategorien einen Internetzugang haben und dafür auch genug bezahlen. Also kann man ohne einen Computer und Internet kein Paket mehr außerhalb der EU aufgeben, was ich als sehr diskriminierend finde.

Also sofort mal ein Beschwerdeformular „online" ausgefüllt, oder man hängt stundenlang in der Warteschleife, der „Hotline" wo man dann auch noch rausfliegt, und mit jemanden spricht, dem es aber so was von scheißegal ist, was man ihm erzählt und mit einer „Floskel", : Er werde es dann weiterleiten, daß Gespräch beendet! Vor allem hat man ja dann nicht mal einen Beweis in der Hand, daß man sich überhaupt beschwert hat! Also mal dieses Schreiben gesendet:

Klosterneuburg 11.7.2022

Diskriminierung und Zwang für Internet oder APP!

Mir ist es noch immer unbegreiflich, wieso sich die Post so was erlauben kann? Sie haben die Frechheit eine Person zu zwingen ein Smart Phone und Internetzugang zu haben, oder einen Computer mit Internetanschluß zu besitzen, denn sonst ist es nicht möglich, für einen Staatsbürger der so etwas nicht besitzt, ein Buch nach Schottland zu senden! Sie haben in der Postfiliale keine Formulare aufliegen, damit auch ein normaler Bürger ein Paket aufgeben kann, es ist nur möglich wenn man einen Internetzugang hat! Das kann in einem zivilisierten Land doch nicht möglich sein, und ich werde eine Klage beim BVG einreichen, denn dieser Zwang von einer Person ist eine „Vergewaltigung" um sich ein Internet zu zulegen, was sich aber nicht jeder leisten kann! Hat da eigentlich schon jemand bei der Post darüber nachgedacht? Wer macht denn solche Gesetze? Weiß man eigentlich beim europäischen Gerichtshof über ein solches vertrotteltes Zwangsgesetz Bescheid?

Mfg Erich Beyer

Worauf dann Stunden später, diese Antwort kam:

Sehr geehrter Herr Beyer,

vielen Dank für Ihre Nachricht.

*Es besteht die Möglichkeit das Zollformular in jeder Postfiliale gegen eine Gebühr von 2,90 Euro zu erhalten bzw vor Ort auch von unseren hilfsbereiten Kolleg*Innen ausfüllen zu lassen.*

*Wir wünschen Ihnen einen schönen Tag.
Freundliche Grüße*

Zlata Schmelzer

Hier dann meine Antwort:

Sehr geehrte Fr. Schmelzer!

*Wieso wurde dieses auch unverschämte Angebot von dem Postangestellten nicht meiner Frau gesagt? Es ist trotzdem eine Frechheit Sonderklassen, für ein Formular 2,90 € zu bezahlen, um eine Paket aufzugeben für das man ja sowieso bezahlen muß! Der Kollege hat sicher **NICHT** angeboten das Formular aus zufüllen, also können sie sich diese Floskel ersparen! Es wurde mir auch nie geholfen, wenn wie schon so oft ein Paket nicht geliefert wurde, und obwohl ich zu Hause war, vom Zusteller angegeben wurde: **Nicht angetroffen!** Was eine Lüge war, auch da wurde mir am Postamt nur gesagt, das sind die Paketzusteller und sie sind dafür nicht zuständig und nehmen auch seit Monaten keine Beschwerden mehr entgegen, mit dem zwar richtigen Argument: **Da würden sie den ganzen Tag nur mit Beschwerden tätig sein und könnten ihre Arbeit nicht machen!***

Ich glaube es sagt eigentlich alles über die Post aus!

mfg Erich Beyer i.V. Gabriela Beyer-Albrecht

Sommerhit zum erbrechen!

ORF Frühstücksfernsehen bringt am 13. Juli 2022 den Sommerhit *„Labber Labber Tschu Tschu"* wo ich sofort einen Kübel brauche und mich übergeben mußte! Was ich vom ORF halte und speziell von dem GIS habe ich ja schon in den vorigen Büchern geschrieben, obwohl man es nicht oft genug sagen kann. Nur wenn man dann beim Frühstücksfernsehen von diesem, ich weiß nicht als was man es bezeichnen kann, begeistert ist und angeblich die ganze Redaktion mitsingt, dann frage ich mich schon welche Leute da arbeiten? Wenn diese „Sommerhits" von den „Sechs Kategorien" ausgewählt werden, ist es ja klar und ein weiterer Beweis, mich nicht in diese Kategorien einordnen möchte. Wenn es andere „Nasenbohrer" bestimmen können, das so eine akustische Umweltverschmutzung ein „Sommerhit" werden kann, und noch als „Ohrwurm" bezeichnen, dann gehörten sie gerichtlich verfolgt und weg gesperrt um keinen weiteren Schaden mehr anzurichten.

Der ORF macht ja schon mit „Dancing Stars" und diversen Casting Shows genug „Mist" in seinem Programm und muß für die ferngesteuerten natürlich auch den ESC übertragen, wo es ja noch immer verblödete gibt, die glauben es geht wirklich ums singen. Dazu habe ich ja schon in, *„Wie weit können wir noch verblöden?"* geschrieben:

Die „Musik" wenn man sie so überhaupt bezeichnen will, besteht aus einem Geplänkel auf einer Gitarre, mit „Bling, Bling, Bling" wo man dem Gitarrenspieler sogar die Finger brechen kann, und er könnte weiter spielen, weil nur ein Griff dazu notwendig ist. Dann kommt mit der Stimme der nächste Tiefpunkt, mit La,La,La, sogar im Text selbst und Hu, Hu, yeah, yeah usw. im Background, die manchmal schon so weh tut, auch wenn der Titel des Songs „Wunderschön" heißt, es tut wirklich weh wenn man da zuhören muß,

59

was da geboten wird, und um es mit Qualtingers Worten zu sagen: **„Fia wos brauch ma des?"** *oder wie meine Mutter zu sagen pflegte, die haben bestenfalls eine „Stimme" zum Rindfleisch essen, aber keine Berechtigung zum singen. Man bekommt dabei bestenfalls Blasen am Trommelfell. Was ja auch die „Ein Zeilen" Texte beweisen die dann noch hundertfünfzig Mal wiederholt werden, was das Ganze noch fürchterlicher macht. Früher hätten die keine Chance gehabt in ein Studio zu kommen, oder nach solche einer Aufnahme, wieder aus dem Studio lebendig raus zu kommen. Natürlich ist nicht abzustreiten, daß auch zu meiner Zeit, früher auch genug „Scheiß" produziert wurde, der eigentlich nie öffentlich gespielt werden sollte. Aber nun kann ja jeder „Vollkoffer" zu Hause am Computer produzieren und den „Scheiß" in „YouTube" stellen. Eines ist ziemlich sicher, jeder Vollkoffer nennt sich schon Musiker oder Comedian, und wenn es so weiter geht, haben wir bald mehr von denen als Handwerker, die man aber wirklich zum Leben braucht, was bei diesen „Künstlern" mehr als zweifelhaft ist. Aber vielleicht genügt es dann für das blöde Volk, wenn der KFZ Mechaniker einen Witz erzählt, aber kein Auto reparieren kann?*

Jetzt hatten wir ja auch wieder den „ESC" wo manche von dem verblödeten Volk glauben, es geht da wirklich um das Singen. Eigentlich geht es nur darum, daß man wenn es geht die Auswahl auf viele Tage ausdehnt um den ferngesteuerten Volk so viele Anrufe zu ermöglichen, damit sie für ein SMS oder Anruf 50.- Cent bezahlen können, wie man aber schon mal feststellte, bei den Castingshows sind meistens unkontrollierte Jugendliche oder Betrunkene die dort überhaupt anrufen. Diesmal ist es ja in Rotterdam und es singt für Österreich „Vincent Bueno", von dem ich persönlich vorher noch nie was gehört habe, was mir aber sicher nicht abgegangen ist. Nun das Lied „Amen" könnte man sich ersparen, denn meiner Meinung nach, klingt es wie eine „Schlaftablette" und mich würde es wundern, wenn es in die vorderen Ränge kommt, geschweige denn, gewinnen. Warum wir keinen

Österreicher haben der auch österreichische Wurzeln hat, und man
dazu einen Österreicher mit Philippinischen Wurzeln nehmen muß, ist
mir auch unklar. Bitte mich nicht falsch zu verstehen, jeder Philippine
ist mir lieber als „Conchita", oder Türken, Syrer, Afghanen, Rumänen,
Tschetschenen, Bulgaren oder Jugoslawen die sich jetzt schon
Österreicher nennen dürfen, aber in Wirklichkeit keine sein wollen,
noch unsere Sitten und Kultur annehmen wollen. So wie es aussieht,
dürften wir in Österreicher niemand haben, der auch singen kann, und
österreichische Wurzeln hat, denn so gut ist seine Stimme nun auch
wieder nicht, daß es mich vom „Sessel" hauen würde, wie weit dieses
Lied von ihm ist, weiß ich nicht, ist mir auch „wurscht" , allerdings
begeistern mich seine eigenen Lieder sicher auch nicht. Nur glaube ich,
daß er vielleicht mehr Chancen hätte, wenn er „Schwul" wäre oder
wenigstens sonst ein Gebrechen hätte, denn wie schon gesagt, es geht
beim „ESC" sicher nicht ums Singen.

Nun wir haben heute den 21. Mai 2021 und wie ich es erwartet
und vorausgesagt habe, unser Kandidat ist bereits im Semi Finale
ausgeschieden, und angeblich ist Österreich nun enttäuscht, ich nicht,
denn es ist mir wurscht! Auch wenn es kein Trost für Vincent sein wird,
mich begeistern auch die anderen nicht besonders, bei dieser Show
nützt auch die beste Background Bühnenshow nichts, geschweige denn
wenn wieder mal teilweise halbnackte Frauen auf der Bühne
herumtanzen, alles das, hat mit singen und der Qualität nichts zu tun.
Ich kann natürlich nicht wirklich alles beurteilen, denn ich würde mir
diese Show sicher nicht ansehen, sondern kann nur beurteilen was ich
da bei ein paar Ausschnitten gesehen habe, aber es genügt mir diese
Aufführungen beim „ESC" nicht anzusehen.

Aber es zeigt sich ja auch bei den Fernsehserien, anscheinend
haben da auch immer mehr einen Erfolg, wo zumindest ein „schwules"
Pärchen mitspielt, oder wieso kann eine Serie wie „Sturm der Liebe"
bereits 3580 Folgen haben, was ist mit der Menschheit los? Ich kann

leider kein Urteil abgeben, denn ich will nicht einmal fünf Minuten von dieser Serie sehen. Aber alle die sie ansehen, sind wahrscheinlich auch wahlberechtigt, was wiederum der Beweis ist, warum Demokratie nicht funktionieren kann. Nun ich weiß nicht wie es anderen geht, aber wenn sie jetzt auch noch in Serien wie „Major Crimes" Homosexuelle dramatische Beziehungen einbauen, finde ich es mehr als unnötig, denn ich kann mir nicht vorstellen, daß jemand dem solche Krimiserien interessieren, dazu zwischenmenschliche Beziehungen von Homosexuellen sehen will, oder für die Story wirklich braucht.

Mir hat es genügt, in meiner Kindheit von „Schwulen" belästigt worden zu sein, wo einer sogar bei der Gewerkschaftsjugend war, wie ich schon in vorigem Buch geschrieben habe. Nun wollen sie uns mit „Regenbogen Paraden" einreden, daß wir alle gleich sind! Wie vertrottelt ist das denn? Ich will sicher nicht mit einem „Homosexuellen" auf die gleiche „Stufe" gestellt werden, genau so wenig wie ich mich auf die gleiche „Stufe" mit einem Gehirnchirurgen stellen kann. Mit Slogans wie: „Homosexualität" ist keine Krankheit, nun vielleicht nicht, nur wenn ich an meine Kindheit denke, wo Otto, Helmuth und noch ein dritter „Schwuler" von dem ich den Namen vergessen, oder verdrängt habe, mit denen ich einen engeren Kontakt hatte, sich an uns Kinder ranmachte, also aus meiner jetzigen Sicht, eindeutig Pädophil waren, ist es dann doch eine Krankheit, oder etwa nicht? Soll ich mich jetzt mit Pädophilen auf die gleiche „Stufe" stellen? Nun betrachtet man es anscheinend als „in" wenn man Homosexuelle so oft wie möglich im Fernsehen zeigt.

Zu letzten ESC wo ja noch immer viele Idioten glauben es ginge bei Songcontest wirklich um das singen, wurde wieder bewiesen was man vorher schon wußte, daß die Ukraine gewinnen wird, und wenn ich mit, was ich nicht mache, den ESC ansehen oder anhören würde, es mit dem herum Gehopse auf der Bühne wenn sie weniger anhätten, es eher einen „Live Ball" ähnelt! Unsere Beiden die man ausgesucht hat, wieso auch immer, waren eine „musikalische" akustische Umwelt verschmutzung und eine Schande für Österreich sie überhaupt aufzustellen. Wenn ich in meiner Disk Jockey Zeit als ich noch gearbeitet habe, solche Lieder gespielt hätte, dann hätten mir die Gäste in der Disco, einen Aschenbecher hinter die Diskothek geschmissen!

Ebenfalls hat man bei Frühstücksfernsehen dann Kevin mit „So lang du bleibst" vorgestellt, der diesen „Song" raus gebracht hat, nachdem er aus irgendeiner Casting Show ausgeschieden ist, nur er tut mir leid, wie er aussieht, mit wahrscheinlich 160 Kg und es wird auch der Grund sein, warum er aus Mitleid von irgendwem dieses Lied auflegen konnte, denn die Qualität des Singens oder vom Text, kann es ja nicht gewesen sein! Jedenfalls hätte man auch dieses Lied der Menschheit ersparen können!

Für sowas hat der ORF Zeit in seinem Programm und natürlich im Hauptabendprogramm für „Fußball" was für mich total unnötig ist, aber für 90% der restlichen Österreicher wichtig, aber sie bringen nicht mal den „Moto GB" aber dafür, daß für mich nicht mehr anzusehende „Formel 1" wo ich den Eindruck habe, nicht die Fahrer und das Auto entscheiden, sondern die Boxenstop und zig neue Regeln, die meiner Meinung nach dem Motto: *„Kannst du sie nicht überzeugen, dann verwirr sie"* aufgestellt wurden. Für das wurden wir dann mit der GIS bestraft, über das habe ich schon mal geschrieben:

Das Spiel mit dem GIS und den ORF Gebühren ist zwar noch nicht zu Ende, wird aber wahrscheinlich auch so enden, obwohl ich damit noch zum VGH[7] gehen will, und wenn es notwendig ist sogar bis

---

[7] Verfassungsgerichtshof

zum Europäischen Gerichtshof. Denn nach diesem, meiner Meinung nach total verblödeten und ungerechten Gesetz vom GIS. ist eigentlich jeder der ein Smart Phone, Tablet, Lap top oder PC, oder einen TV besitzt ein „Krimineller", wenn er keine Gebühren an die GIS bezahlt, da ja jedes dieser Geräte dazu fähig ist TV Programme, also auch den ORF zu empfangen, obwohl man diese „Zwangsbeglückung" gar nicht haben will, noch irgendwo bestellt hat!

Es kann dann sogar ein Mag. Jürgen B. vom GIS bei meiner Frau ein TV Gerät anmelden, obwohl dort gar keines steht und sie gar nicht zu dem Zeitpunkt in Österreich war und kommt ungestraft davon. Nachdem ich dann meine Frau verteidigt und mit zig Emails bei ihm und dem GIS eine Beschwerde eingelegt habe, die wahrscheinlich nicht einmal genau gelesen wurden, denn anders kann ich die kommenden Rechnungen und Drohungen an meine krebskranke Frau nicht verstehen. Nachdem ich ihm meine Meinung oft genug geschrieben habe, wurde ich von ihm denunziert und wahrscheinlich angezeigt, denn auf einmal bekam ich als <u>EINZIGER,</u> auf unseren Nordhang am Berg in Klosterneuburg, wo außer unserem Haus noch <u>FÜNF</u> weitere stehen, einen RSB Brief mit einer Auskunftserhebung, ob ich ein TV Gerät besitze. Nachdem ich dieses Haus seit 2012 bewohne und gerade jetzt dieser Brief kommt, ist das sicher kein Zufall, daß sie jetzt gerade mich angeschrieben haben. Nun das unser und die anderen Häuser auf einem Nordhang stehen, und somit der Sender Kahlenberg vom Buchberg komplett abgedeckt wird und wir somit keinen Empfang haben, wird nicht berücksichtigt. Die Techniker von ORF dürften eher Zuckerbäcker als Radiotechniker sein. Man muß bei uns eine Hochantenne von 50 m installieren oder teure spezial Antennen die aber auf dem Millimeter genau eingerichtet sein müssen, um eventuell eine Reflektion vom Ölberg gegenüber einzufangen und nur an einer Stelle im Haus funktionieren, und wenn dann ein Flugzeug in unsere Richtung fliegt, trotzdem das Bild für eine Weile zusammenfällt und gestört ist. Auch die beste Antenne nützt nichts, also ist auch ein ungestörter ORF Empfang nicht garantiert. Also wieso muß ich dann wie alle mit gutem Empfang dieselbe Gebühr bezahlen? Geschweige denn hat da niemand eine Freude wenn er eine Sendung aufzeichnen will, das sollte ja auch der

Dümmste der ein solches Gesetz macht und zuläßt, begreifen. Das nur zur „Gleichheit" für alle in Österreich. Allerdings bekomme ich ein paar tschechische Sender, wo die Antennen anscheinend im Norden stehen dürften, sehr gut rein. Nur kann ich darauf verzichten weil ich nicht Tschechisch kann.

Man wird hier vom GIS angezeigt nur weil der ORF angeblich ein Gebiet mit seinem ORF Programm versorgt, obwohl man es nicht will. Ich hätte genug damit wenn ich die privaten Sender sehen kann. Also kann ich auf den ORF gerne verzichten, denn die vertrottelte Werbung der „Putz" Familie und div. Möbelhäusern, womit die nicht schon genug verblödete Menschheit „beglückt" wird, kann ich dort ohne Gebühren zu bezahlen, auch sehen! Vor allem, es gibt kein Gesetz in Österreich, das jemanden verbietet einen Fernseher zu kaufen, um daheim eben nur Video Spiele, DVDs oder Video anzusehen, oder damit im Internet zu surfen und YouTube anzusehen, und mit seinem Lap Top auf dem größeren Fernseher zu arbeiten!

Also wenn es kein solches Gesetz gibt, wie kann man dann vom GIS gezwungen werden für einen ORF den man gar nicht will zu bezahlen und vielleicht sogar gerichtlich verurteilt werden? Diese Zwangsmitgliedschaft ist ja ärger als im „Dritten Reich" und ist nur in einer Diktatur möglich, daß ich für einen ORF bezahlen muß der alles andere als „unabhängig" ist, und der Nepotismus[8] bei der Einstellung von neuen Angestellten und Mitarbeitern, seit vielen Jahren praktiziert wird, wie es auch in den div. Parteien immer üblich war und ist.

---

[8] Nepotismus, Enkel oder Neffe

Apropos Gleichheit in Klosterneuburg

Einen längeren Kampf, wie „Don Quichote" gegen Windmühlen, führe ich seit längerer Zeit gegen die Gesetze der Gemeinde von Klosterneuburg, wo unser Bürgermeister Schmuckenschlager eine eigene Vorstellung von „Gleichheit" zu haben scheint, dazu möchte ich den nachfolgenden Briefverkehr mit der Gemeinde und dem Bürgermeister dem werten Leser nicht vorenthalten, der so einiges über die Gesetze und Vorschriften, speziell in Klosterneuburg aussagt:

Schriftverkehr wegen Beschwerde daß ich Parkplatz nicht benützen kann!

An Fr. Wayd:
Parkplatzvergabe!
Klosterneuburg 27.9.2021

Wertes Team!
Heute stand auf Platz von Top 1 ein Mercedes ohne Nummern, aber ich konnte nicht mehr in meinen bezahlten Parkplatz reinfahren, wenn der Nachbar von Top 3 nicht zu Haus gewesen wäre, hätte ich keine Chance gehabt auf meinen Parkplatz zu kommen! Ich mußte so knapp nach rechts fahren um mich aus dem Auto raus zu quetschen und dabei natürlich das ganze Gewand dreckig geworden weil es auch noch regnete. Wie ich ihnen sagte, ist es unmöglich so knappe Parkplätze zu machen, also möchte ich wissen ob sie den vermietet haben, wenn nicht bitte abschleppen lassen, denn die Polizei hatte nur eine Benachrichtigung hinterlegt, da es ein privat Parkplatz ist, können sie nichts tun. Bitte um Info und Klärung der Situation, denn so geht es wirklich nicht!
Hochachtungsvoll ihr Erich Beyer

An mich von der Gemeinde
:

Sehr geehrter Herr Beyer,

auf den von Ihnen mit gesendeten Bildern ist deutlich erkennbar, daß die auf den Fotos ersichtliche Parkplatzsituation auf das dunkle Fahrzeug rechts neben dem Abstellplatz 3/1 zurückzuführen ist. Dieser Abstellplatz ist nicht Teil der Liegenschaft Kierlinger Straße 59, Stiege 3 und ist die Stadtgemeinde Klosterneuburg weder Eigentümer noch Vermieter dieses Abstellplatzes.

Die Abstellplätze der Liegenschaft Kierlinger Straße 59, Stiege 3 sind zur Zeit alle vermietet.

Aufgrund der bereits oben angeführten Situation war es dem Mieter des Abstellplatzes 3/1 offensichtlich nicht möglich sein Fahrzeug komplett innerhalb der gekennzeichneten Markierung abzustellen.
Gerne weisen wir den Mieter des Abstellplatzes 3/1 auf die Einhaltung der Abstellplatzmarkierung hin. Mit freundlichen Grüßen
Uschi Wayd

Von mir an Fr. Wayd: 28.9.2021

Sehr geehrte Fr. Wayd und Fr. Pöchmann!

Das der ganz rechtsstehende Wagen daran schuld ist, ist leider nicht ganz richtig, denn wie ich schon im Schreiben an sie vorher angekündigt habe, hätte die Gemeinde nicht so ENGE Parkplätze machen sollen, denn es ist nicht möglich in diesem schmalen Platz aus seinem Auto, auch wenn sie richtig abgestellt sind, ohne schmutzig zu werden, aus zu steigen, wenn man sich aus den Autos raus quetschen muß! Für eine etwas dickere Person eher unmöglich, also hätten sie da schon beim Mietvertrag eine Gewichtsbeschränkung für den Fahrer angeben müssen, sowie, das nur für schmale Autos der Platz geeignet ist, zwei SUV können unmöglich auf diesen Plätzen abgestellt werden!

Also wenn sie trotzdem diesen Platz vermietet haben, und andere vor unserer Stiege liegenden Plätzen von anderen Stiegen vermietet werden, bleibt es trotzdem die Schuld der Gemeinde die solche Verträge macht, die eher als "unmenschlich" zu bezeichnen sind. Tatsache ist, daß ich diesen Parkplatz zurzeit nicht benützen kann, wenn ein aus und einsteigen mit solchen Umständen eine Horror ist! Also bitte sorgen sie dafür, das mal der Mercedes anders gestellt oder abgeschleppt wird, was den Platz betrifft, werde ich , da ich ja nicht der einzige Mieter bin der hier Probleme hat, mit mehreren Mietern gerichtliche Schritte gegen solch eine Vergabe der Parkplätze einer für mich den Anschein habenden, "gierigen" Gemeinde!

Ich kann nicht mal meinen Hund in die Hundebox bringen, sondern muß das Auto raus fahren und dann erst den Hund raus holen, weil ich die Türe nicht so weit aufmachen kann, und das kann je nicht der Sinn eines bezahlten Parkplatzes sein.

Hochachtungsvoll Ihr Erich Beyer

P.S.: Ich bin froh, daß ich millionen Kilometer mit dem Auto Erfahrung habe, denn es muß mal wer in der Nacht bei Dunkelheit sein Auto so zu parken, ohne ein anderes zu beschädigen!

An Liegenschaften: An die Direktion wegen Parkplatzbehinderung Klosterneuburg 28.9.2021

Sehr geehrte Geschäftsführung!

Es betrifft meinen Parkplatz von Kierlingerstraße 59 Stiege 3 Top 2 der leider sicher keinen Normen mehr entspricht, denn mit nur zwei Metern Breite ist er eine Zumutung! Deshalb habe ich vor längerer Zeit bereits Fr. Wayd informiert, als ich im Amtsblatt sah, daß die Gemeinde auch den noch freien Parkplatz von Top 1 zum vermieten anbietet, daß es unmöglich ist, dort aus einem Auto auszusteigen, es brauchen nicht mal SUV sein, schon normale Autos haben bei nur zwei Meter keine Chance. Obwohl ich das bekanntgab, wurde nun der Parpklatz vermietet und gestern mußte ich die Polizei rufen, da ich keine Chance hatte in meinen Parkplatz zu kommen und auch Fr. Wayd informierte, dieses Email werde ich anhängen.

Nur heute wurde mir von Fr. Wayd keine Hilfe angeboten, nur sagte sie ich kann den Parkplatz ja kündigen, wenn ich nicht zufrieden bin, mit einer 14 tägigen Kündigungsfrist, und daß obwohl ich wesentlich länger den Parkplatz gemietet habe und auch bezahle, muß ich mir dann von Fr. Wayd sagen lassen, daß ich keinerlei Rechte habe und sie nicht mit mir reden will, denn ich darf mich nicht beschweren und dann legt sie auf!

Bitte welches Personal arbeitet denn hier für die Gemeinde wo man sich das gefallen lassen muß, denn wenn die Gemeinde Parkplätze vermietet, interessiert es mich nicht ob die vor 30 Jahren den Regeln entsprochen haben, und die Gemeinde sollte auf die jetzige Norm gehen und nicht zwei Meter Parkplätze vermieten! Ich glaube auch als Mieter haben wir Rechte und die möchte ich auch beanspruchen. Bitte um Info wie hier die rechtlichen Dinge sind, oder ob ich mit noch anderen Mietern eine Klage anstreben muß? Denn der jetzige Zustand ist unmöglich und da mein voriger Brief nichts brachte, bleibt hier nur dieser Weg.

Ich glaube doch, das auch die Gemeinde hat, wie und welche Objekte sie vermietet, oder hat nur der Mieter Verpflichtungen?

Dann folgte mein Anruf bei Fr. Wayd:

Anruf wegen Parkplatzbeschwerde!   Klosterneuburg 29.9.2021

Sehr geehrte Fr. Wayd!

Da ich weder gestern nacht noch heute nachmittag in meinem Parkplatz kam, da ihnen die Mieter der Parkplätze anscheinend egal sein dürften, da nichts unternommen wurde um die Situation zu klären!

Außerdem fand ich es als eine Frechheit von ihnen, daß sie mich am Telefon nicht mal ausreden ließen, geschweige denn meine Beschwerde wirklich vor zu bringen. Daß sie als einzigen Rat für mich nur anraten zu kündigen, ist auch nicht gerade eine "feine" Art wie man einen Mieter behandelt, es scheint so ob sie, weil sie als Beamtin am längeren Ast sitzen, nur die Leute schikanieren wollen!

Die Frechheit von Ihnen, mir zu sagen: **ICH MUSS MICH UM DEN NACHBARN KÜMMERN DAMIT ER SICH ANDERS HINSTELLT**, ist eine Frechheit sondergleichen, wie ich ein Auto ohne Nummer ausforschen soll, wo sie alle Daten haben müßten, und SIE diesen Platz vermietet haben, obwohl ich ihnen vor Monaten geschrieben habe, daß es unmöglich ist, wenn dort noch ein Auto steht, aus dem Auto aus zusteigen, oder wie jetzt, die letzten zwei Tage, nicht mal in den Platz rein zu kommen!

Dann haben sie noch die Frechheit, weil ich mich über ihre Behandlung und Aussage natürlich aufrege, ganz einfach aufzulegen!

Nachdem mein Rechtsanwalt den Mietvertrag angesehen hat, fand niemand eine Beschränkung der Autobreite, noch eine Beschränkung für Körpermaße, denn jemand dickerer hätte keine Chance jemals aus oder ins Auto zu kommen! Auch ist keine Breite angegeben und mit 2 m ist er nur für Kleinwagen geeignet. Ich habe als Mieter zwar viele Verpflichtungen, sie als Vermieter können aber die Mieter terrorisieren wie sie wollen, ich glaube nicht, daß es die richtige Art ist mich so zu behandeln!

Ich will meinen Platz nicht kündigen, wenn sie auch meinen es ist egal wer vorher einen Mietvertrag hat und ich soll ihrer Meinung nach kündigen, wenn es mir nicht paßt! Es ist traurig, daß solche Beamtinnen wie sie in Klosterneuburg bei der Gemeinde arbeiten!

Ich habe auch die Direktion von den Liegenschaften angeschrieben, aber bis Dato keine Antwort erhalten! Ich werde aber morgen unseren gesamten Schriftverkehr an den Bürgermeister Schmuckenschlager weiterleiten und falls nicht in kurzer Zeit eine Lösung kommt, werde ich, mit noch anderen Mietern es dem Volksanwalt übergeben und wenn nötig werde ich bis zum Verwaltungsgerichtshof gehen, denn dieser Mietvertrag ist sehr "einseitig" und nicht gerade Mieterfreundlich!

Hochachtungsvoll Ihr Erich Beyer

P.S.: Auch wenn sie der Meinung sind, daß auf Privatgrund andere Gesetze sind, können sie trotzdem nicht machen was sie wollen, so wie im öffentlichen Raum, diese Ordnung ist:

Für zweispurige Fahrzeuge hat die Fläche der Stellplätze im Freien mindestens 2,3 m x 5,0 m, als überdachte Stellplätze oder in Garagen 2,5 m x 5,0 m, für Kraftfahrzeuge für behinderte Menschen mindestens 3,5 m x 5,0 m zu betragen. Bei Längsaufstellung der Fahrzeuge hat die Länge mindestens 6,0 m zu betragen.

-------- Weitergeleitete Nachricht --------
Betreff:z.H. Bürgermeister Schmuckenschlager

Datum: Thu, 30 Sep 2021 13:27:13 +0200
Von: Erich Beyer <beyer.erich@gmail.com>
An: buergermeisteramt@klosterneuburg.at,
stadtamt@klosterneuburg.at, anliegen@klosterneuburg.at

Betrifft: *Parkplatzvergabe mit Behinderung zur Benützung!*

Klosterneuburg 30.9.2021

Sehr geehrter Hr. Schmuckenschlager, und Stadt, - wie Gemeinderat!

Nachdem ich von der Direktion der Liegenschaften bis Dato keine Antwort bekommen habe, möchte ich ihnen mein Anliegen und Beschwerde mit Fotos und Schriftverkehr hier zukommen lassen, bevor ich diese etwas "dubiose" Vorgangsweise und Vertrag bei der Parkplatzvergabe an den Volksanwalt und Verwaltungsgericht weiterleite.

Ich glaube nämlich nicht, daß es der Sinn einer Parkplatzvermietung sein kann, wenn dann ein Mieter des Parkplatzes der dafür bezahlt, diesen aber nicht benützen kann und vom Vermieter (Gemeinde) keinerlei Hilfe noch Unterstützung zur Klärung der Situation bekommt!

Ich weiß nicht ob die Klosterneuburger Gemeinde so arm oder so gierig ist, daß sie es notwendig hat ZWEI Meter Parkplätze zu vergeben, und das auch noch macht, obwohl ich vor Monaten Fr. Wayd über die Situation informiert habe, als ich im Amtsblatt die Anzeige für die Vermietung vom Platz "Top 1" gelesen habe!

Noch unverständlicher ist es für mich, daß die Parkplätze vor der Stiege 3, teilweise an das Haus 59a vergeben wurden, wo laut Fr. Wayd, es sie und der Gemeinde gar nichts angeht und sie dafür nicht zuständig sind. Ihre Aussage, daß der Mercedes nicht anders stehen konnte, weil das blaue Auto rechts davon schuld ist, und ich ihrer

71

Meinung nun die Mieter von 59a darauf aufmerksam machen muß, daß sie falsch stehen, was ja sicher NICHT meine Aufgabe ist, ich bin kein Hausbesorger und habe auch keine Rechte. Nach ihrer Meinung ist es auch egal, daß ich auf meinen Platz schon länger stehe und auch bezahle, nun ICH aber dem Mercedes "weichen" muß!

Noch dazu, wie am anderen Fotos zu sehen ist, steht dann wieder ein total anderes Auto, auf dem rechten Platz, was ja laut ihrem Mietvertrag gar nicht sein dürfte, da es ja nur an ein registriertes Auto vermietet wird, und der Platz ja nicht weiter gegeben werden darf, oder irre ich mich da?

Da ich nun seit mehreren Tagen meinen Parkplatz nicht benutzen kann, würde ich sie ersuchen diese Situation zu klären und ich hoffe doch nicht, daß ich gegen die Gemeinde nur mit gerichtlichen Schritten zu meinem "bezahlten" Parkplatzrecht komme. Ich zahle nicht für einen Parkplatz, damit ich jetzt im Regen irgendwo in der Lessinggasse stehe!!!

Bitte um baldige Info und Antwort und einen eventuellen Termin zur Vorsprache bei ihnen und verbleibe Hochachtungsvoll Ihr Erich Beyer

Anhang: 4 Fotos und PDF vom Schriftverkehr

Klosterneuburg 31.1.2022

Werter Hr. Bürgermeister und Team!

Da sie es weder Wert befunden mir seit 30. September 2021 zu Antworten, geschweige denn eine Lösung anzubieten, würde ich gerne bald etwas Positives von ihrer Seite hören.

Die Volksanwaltschaft hat mir mitgeteilt, das ich die Gemeinde mit gerichtlichen Schritten zu einer Antwort und Bescheid zwingen kann, aber ich hoffe doch nicht, daß es hier notwendig ist, die Gemeinde zu klagen um eine Erklärung zu bekommen, warum die Parkplätze von der eigenen Stiege 200 cm breit sind, und die an das Nachbarhaus vergeben Parkplätze vor UNSERER Stiege aber 215 cm breit sind?

Nochmals, ich will nicht kündigen sondern eine Lösung, denn ich bekomme ein anderes Auto das aber leider noch etwas breiter ist, also das Problem, daß von der Gemeinde ignoriert wird, für mich noch größer wird!

Bitte um baldige Info und ich hoffe wirklich nicht, eine Lösung und Bescheid über das BVG erzwingen zu müssen, Hochachtungsvoll Ihr Erich Beyer

P.S.: Sie sollten nicht vergessen, daß Mieter auch Rechte und nicht nur Pflichten haben.

Dann kam mal eine Antwort vom Bürgermeister:

Vom Bürgermeister:
Am 01.02.2022 um 16:38 schrieb Schmuckenschlager Mag. Stefan:

S.g. Hr. Beyer!

Ihre Schreiben, wie auch Ihr Anliegen, wurden von der Stadtverwaltung bearbeitet.

Leider können wir die von Ihnen erhoffte Lösung des Problems nicht bieten. Die Parkplätze werden in ihrer bisherigen Form vergeben/vermietet.

Es ist verständlich, daß Sie einen größeren Parkplatz für ein breiteres Fahrzeug präferieren würden. Allerdings können wir dies derzeit nicht anbieten.

Sollten Sie mit dem derzeitigen Angebot so unzufrieden sein, daß Sie nun doch eine Kündigung erwägen, dann bieten wir gerne umfassende Kulanz an.

Die angekündigten Möglichkeiten einer rechtlichen Entscheidung / Einräumung einer anderen Mietfläche sind mir nicht bekannt und daraus resultierende Rechte auch nicht.

Wir gehen vielmehr davon aus, daß wir unseren Auftrag als Vermieter der Fläche im ausreichenden Rahmen erfüllen.

Mit freundlichen Grüßen Stefan Schmuckenschlager

Mag. Stefan Schmuckenschlager

Daraufhin wieder meine Frage: Klosterneuburg 1. Februar 2022

S.g. Hr. Schmuckenschlager und Team!

Ich mache nochmals den Hinweis auf meine FRAGE, die sie anscheinend weiterhin ignorieren.

WIESO SIND DIE PARKPLÄTZE VOR UNSERER STIEGE FÜR DAS NACHBARHAUS BREITER MIT 215 cm ???

aber für die Mieter unserer Stiege 3 nur 200 cm breit. Also erfüllen sie hier eine sehr seltsame Art der Vermietung, daß Mieter für Hausfremde Parkplätze besser behandelt werden als die Mieter die auf dieser Stiege wohnen, wenn sie das als richtig finden, dann sind sie und ihr Team eindeutig am falschen Platz!

Sollten sie die Gesetzeslage nicht so gut kennen, kann ich ihnen den Brief von der Volksanwaltschaft gerne kopieren.

Also bitte erklären sie mir (uns) es sind ja mehrere Mieter in meiner Situation, warum sie die Stiegen fremden Mieter besser behandeln als die Mieter von der Stiege auf die diese Parkplätze eigentlich gehören, sie sind ja vor der Stiege 3 und nicht vor dem Haus 59a!

Ihr Mietsystem hat da eher wenig von Gleichberechtigung, auch wenn sie da anscheinend anderer Meinung sind, aber die Messdaten sprechen was anderes aus!

Hochachtungsvoll Ihr Erich Beyer

Hier die Antwort am selben Tag:

Am 01.02.2022 um 21:40 schrieb Schmuckenschlager Mag. Stefan:
S.g. Herr Beyer!

Die Frage der Breite der Parkplätze ist sekundär. Wir vermieten aufgrund der bestehenden Verhältnisse.
Daher ist es für uns auch keine entscheidende Frage wie breit welcher Parkplatz ist und da wir niemanden zur Anmietung zwingen, erfolgt auch keine Schlechterbehandlung. Jeder bekommt den Parkplatz den er angemietet hat. Entsprechend dem Bestand.
Wenn Ihnen der von Ihnen angemietete Platz nicht ausreicht, dann können Sie dies ja jederzeit ändern.

Mit freundlichen Grüßen
Stefan Schmuckenschlager

Von mir:

Klosterneuburg 2.2.2022

Werter Hr. Schmuckenschlager und Team!

Es ist sehr traurig, daß hier die Gemeine Klosterneuburg den "american way" praktiziert, nämlich "take it, or leave it"

Sie sind wirklich ein Politiker, denn wieder haben sie die Frage nicht beantwortet, warum die Parkplätze rechts vom Eingang der Stiege breiter sind, es ist sehr wohl eine Schlechterbehandlung der eigenen Mieter, wieso sie das anders sehen können ist mir unverständlich!

Wenn es hier um die Gleichberechtigung von Frauen gehen würde, wären wahrscheinlich schon ein paar Gruppen auf die Barrikaden gegangen, aber bei einen 71 Jahre alten "Trottel" kann man ja auf eine Antwort verzichten!

Also werden wir eine Erklärung wirklich gerichtlich von der Gemeinde erzwingen müssen, da sie unfähig sind, diese UNGRECHTIGKEIT und Bevorzugung Stiegen fremder Personen klar zu legen. Und die Breite der Parkplätze ist hier vor unserer Stiege sicher nicht sekundär!

Aber es wird das BVG ja klären, ob es hier eine Schlechterbehandlung gibt, und wieso sie das als Gleichberechtigung ansehen?

MFG Erich Beyer

Also wenn das Vorgehen unserer Gemeinde in Klosterneuburg wirklich der Gerechtigkeit entspricht, dann weiß ich nicht was Gerechtigkeit bedeutet.

Eines ist sicher, wie in der Gemeinde gearbeitet wird, ähnelt der „Arbeitsbeschaffung" im „Dritten Reich" denn als ich im „Amtsblatt" von Klosterneuburg schon vor Monaten gelesen habe, wurden zwei andere Parkplätze von unserer Stiege frei und ich habe Frau Wayd sofort angeschrieben, um auf einen anderen freien Parkplatz zu tauschen, wo ich auf einer Seite, wenn ich rückwärts einparke, wenigsten die Fahrerseite ohne ein Nachbarauto habe, da dort der Zugangsweg zur Stiege 2 ist und ich die Türen weiter aufmachen kann und mit dem Hund ohne Probleme, aus- und einsteigen kann, wenn ich es auch etwas weiter zu meiner Stiege habe. Nun warte ich bereits über zwei Monate um den anderen Parkplatz benutzen zu dürfen, denn obwohl ich meinen Parkplatz, für den ich ja genauestens überprüft wurde und ihn über ein Jahr schon bezahle, muß dieser Tausch bei der Gemeinderatssitzung vorgelegt und genehmigt werden, ob ich von Platz „Zwei" auf Platz „Sechs" tauschen darf!

Also wenn das ein Fremder ist, der diesen Parkplatz mieten will, und vielleicht gar nicht in der Wohnanlage wohnt, und der nicht schon seit einem Jahr auf einen angemieteten Parkplatz steht, wäre es eine Erklärung, aber wieso ich nun fast drei Monate warten muß, ob ich den anderen Platz benutzen darf, ist mir wirklich unklar, und meiner Meinung, mehr als „verblödet". Hier muß man sicher ein Beamter oder Bürgermeister sein um es zu verstehen! Will mich hier die Gemeinde oder der Bürgermeister vielleicht bestrafen und quälen, weil ich es wagte gegen die Gemeinde auf zu begehren? *„Ein Schelm, wer böses dabei denkt"*

Ein denkender Mensch braucht weder eine Religion, noch Politik!

„Der Teufel wußte nicht, was er tat, als er den Menschen politisch machte.“
William Shakespeare

Ich bin mir nicht sicher, ob Kickl bei der Pressekonferenz am 13. Juli 2022 bei der Vorstellung von „Rosenkranz" als Kandidat für den Bundespräsidenten, wirklich daran glaubt was er da an Lügen erzählt, für was die FPÖ ist und für was sie steht? Was er so daher redet war ja schon bei der Medizin „Ivermectin" für Pferde als Corona Medizin empfohlen hat, sogar dem Dümmsten klar, aber wieso darf der

weiterhin im TV jeden „Schaß" (würde der „Mundl" sagen), erzählen? Was gut zu ihm paßt sagt ebenfalls mit dem Zitat:

„Wer Worte macht, tut wenig.“
William Shakespeare

Warum jemand unbedingt Bundespräsident werden will? Da fallen mir die Worte wieder ein, die Hugo Portisch gesagt hat, als man ihn fragte für den Bundespräsidenten zu kandidieren:

„Er ist Journalist geworden, weil er über die Wahrheit berichten will, somit kann er nie ein Politiker werden"

Nun bei seiner Rede hat „Rosenkranz" den „Kickl" als einen gewieften Strategen bezeichnet, da frage ich mich schon, wie er auf die Aussage kommt? Jemand der Österreicher und seine FPÖ Anhänger mit „Ivermectin" vergiften will, ist also „gewieft"? Ohne Kickl beleidigen zu wollen, ich würde so jemanden als verblödet, unwissend, oder als Verbrecher bezeichnen, wenn er so was weiter gibt, auch wenn nur seine Anhänger damit treffen kann, denn wer anderer hört sich sein

Gelabber und stumpfsinnige Reden sowieso nicht an, aber es gab ja ein paar die diesen Scheiß geglaubt haben, nur hat niemand Kickl dafür belangt! Anscheinend kann man in Österreich jemanden auch Rattengift als Medizin einreden und kann dafür nicht belangt werden, oder darf das nur Kickl tun?

„Es ist nicht genug, daß man rede. Man muß auch richtig reden.“
William Shakespeare

Das der Bundespräsident in Österreich sowieso nichts ändern kann, und eigentlich machtlos ist, ist eine andere Sache. Auch wenn Rosenkranz behauptet, er würde in Österreich alles ändern und allen helfen und alles wird wieder gut mit ihm, und natürlich mit der FPÖ, es ist lächerlich, wenn es nicht so traurig wäre. Aber Rosenkranz ist ja darauf trainiert so was zu sagen, immerhin ist er ja Anwalt, und die können auch Lügen ohne rot zu werden, und nicht umsonst haben sie seit Jahrhunderten den Namen „Rechtsverdreher“. Was ich davon halte, einen Anwalt als Staatsoberhaupt zu haben, sagt dieses Zitat:

Ein Rechtsanwalt ist ein Mann, der unser Vermögen schützt, damit möglichst viel davon für ihn abfällt.
© Markus M. Ronner (1938 - 2022), Schweizer Theologe, Autor und Aphoristiker

Eigentlich brauchen wir gar keinen Bundespräsidenten, er ist so unnötig wie ein „Kropf“ oder „Krampfadern“ und was der VdB, mit der Angelobung der vielen Minister zu tun hatte, könnte jeder Beamte auch erledigen und wir würden uns Geld für diesen Posten ersparen. Ich habe den VdB sicher nicht gewählt, und das einzige was an ihm sympathisch ist, das ist sein Hund. Aber um das klar zu stellen, sicher würde ich „Rosenkranz“ auch nicht wählen, speziell weil er ein Anwalt ist, und da hat man schon in der Vergangenheit schon das richtige über Anwälte gesagt. Ein Zitat aus „Heinrich der VI“

Als erstes laßt uns alle Anwälte umbringen.

William Shakespeare (1564-1616), engl. Dramatiker

Nun wir brauchen eher nicht noch mehr Gewalt in Österreich, obwohl wir mit der Aufnahme von zig Tausenden Asylanten, Flüchtlingen und Migranten schon ein großes Problem in Österreich haben, daß aber sicher noch größer werden wird, und eines ist sicher, keine Regierung wird daran noch etwas ändern können.

Selbst die „Presse" hat in ihrem Bericht schon die Stimmung in Österreich aufgezeigt, die seit dem Ukraine Krieg zunimmt:

Anfang Juli 2022 in der „Presse":

Für zwei Drittel ist der Stop des russischen Vormarschs in der Ukraine wichtig. Ein Viertel der Befragten spürt die Teuerungen.

Mit Blick auf die nächsten zwölf Monate ist nur etwa ein Viertel, 26 Prozent, der österreichischen Bevölkerung optimistisch gestimmt. Das verraten am Mittwoch veröffentlichte Umfragedaten der Paul Lazarsfeld-Gesellschaft (PLG), befragt wurden in Österreich lebende Personen ab 16 Jahren. Genau die Hälfte sieht der Zukunft pessimistisch entgegen, die restlichen 24 Prozent sind unentschlossen.

Abgefragt wurde unter anderem die Stimmungslage zum Krieg in der Ukraine. Etwa zwei Drittel sind ein Stop des russischen Vormarschs wichtig. Indes glaubt die Mehrheit, 57 Prozent, daß dies durch die Allianz des Westens sowie militärische Unterstützung der Ukraine nicht gelingen wird. 34 Prozent wünschen sich weniger EUropäisches Engagement im Ukraine-Krieg, 18 Prozent mehr.

Zusammenhalt mit China und afrikanischen Ländern?

„Wir sollten eine Lösung zur Beendigung des Krieges finden, bevor die Stimmung im Westen kippt“, kommentierte der ehemalige österreichische OECD-Botschafter Wolfgang Petritsch diese Ergebnisse. Er sprach sich dafür aus, China als Verbündeten heranzuziehen. Schließlich würde sich ein Ende des Krieges in Europa auch positiv auf die „Neue Seidenstraße“ auswirken.

Bezüglich Taiwan müsse man abwägen, was dem Westen wichtiger sei. Auch mit afrikanischen Ländern, die ja besonders von den durch Russland blockierten Getreidelieferungen betroffen sind, solle die EU stärker zusammenarbeiten. „Die USA sollen sich hier eher zurückhalten“, so Petritsch.

Unsicherheit gefährdet Investitionen

Für drei Viertel der Österreicherinnen und Österreicher ist der PLG-Umfrage zufolge die Teuerung spürbar. 64 Prozent geben an, ihre Geldausgaben in Zukunft einzuschränken. Ewald Nowotny, ehemaliger Gouverneur der Österreichischen Nationalbank, zeigte sich von der nicht allzu rosigen Stimmungslage betroffen: „Nichts ist für Investitionen so gefährlich wie Unsicherheit“, kommentierte er mögliche wirtschaftliche Auswirkungen dieser. Zwar sagen WIFO-Prognosen ein Wirtschaftswachstum voraus, diese gehen aber nicht von einem Stop der russischen Gaslieferungen aus.

Nowotny warnte davor, das Risiko dieses möglichen „Gamechangers“ zu vernachlässigen. Er forderte die Politik dazu auf, hoffnungsfördernde Maßnahmen zu finden: „Es macht wenig Sinn, nach Pflästerchen zu suchen.“ Besonders sinnvoll fände er einen vorübergehenden Erlaß der Mehrwertsteuer auf Grundnahrungsmittel, der laut ihm vor allem die niedrige Einkommensklasse entlasten würde.

Nun zweifeln aber immer mehr daran, daß die Gaslieferungen aufrecht gehalten werden können, was uns einen eventuell sehr kalten Winter bereiten kann, obwohl es vielleicht egal sein könnte, weil wir uns Gas und Strom sowieso nicht mehr leisten können, und uns die Anbieter alles abdrehen werden, weil wir nicht mehr bezahlen können. Wir sind aber immer noch bereit allen zu helfen, was natürlich einerseits richtig ist, nur wie soll es finanziert werden. Hilfe ist gut und schön, nur jetzt 9.000 Kinder in der Schule aus der Ukraine, und die werden unsere Kinder den Unterricht sicher nicht verbessern, wie wenn wir nicht schon genug mit Problemen von Migranten Kinder hatten und noch immer haben, wo mehr als die Hälfte nicht gut Deutsch spricht. Helfen ist wichtig, aber nicht wenn man das eigene Volk damit schadet!

Dazu habe ich schon mal geschrieben:

Unsere Religion wird bald nur mehr von Migranten bestimmt werden, und es gibt Diskussionen ob wir in der Schule ein Kreuz aufhängen dürfen, und wir sollen uns anpassen, nicht die wir in unserem Land aufgenommen haben. Wie verblödet sind wir eigentlich, daß wir uns so etwas gefallen lassen? Und die Kinder von ihnen leben fünf Jahre in der Türkei oder Jugoslawien und können dann in der Schule kein Wort Deutsch. Wie kommen wir dazu, daß von 30 Schülern bereits 25 kein Deutsch können und somit unsere auch nichts lernen können?

Wenn man so was schreibt, wird man natürlich sofort als „rechts" eingestuft, auch wenn es die Wahrheit ist, aber daß die Ostöffnung für uns, und für ganz Europa nicht gerade das „gelbe vom Ei" war, habe sicher nicht ich, als Erster geschrieben. Wesentlich gescheitere als ich, haben ganze Studien darüber gebracht, und viele haben es bereut, dazu überhaupt zugestimmt zu haben. Genau wie uns die EU sicher nicht den Vorteil brachte, was man dem verblödeten Volk noch immer einzureden versucht.

Es geht aber hier aber um mehr als um die Hilfeleistung für andere „Arme" denn wir haben genug arme Österreicher, also können wir es uns leisten, Österreicher zu gefährden nur weil ein paar

„Gutmenschen" und NGO's allen helfen wollen, weil sie glauben dann später in den Himmel zu kommen?

Auch darüber habe ich mir in anderen Bücher schon viele Gedanken gemacht und darüber geschrieben:

Man hat einem Politiker einmal vorgeworfen, das er weit „Rechts" steht, weil er die Wahrheit und eine Tatsache aussprach:

„Das Boot ist voll"

*Nun da sind wir bei der nächsten Metapher, wenn ich Österreich mit meinem Segelboot „Key of life I", die ja auch International und rechtlich gesehen, österreichischer Boden ist, einfach mit Österreich vergleiche, was eigentlich voll zutreffen könnte. Nur gibt es am Segelboot keine Regierung, schon gar nicht eine Demokratie. So arg es sich anhört, aber der „Skipper" (Kapitän) muß ein Diktator sein, denn in gefährlichen Situationen gibt es keine Zeit für Diskussionen, sondern er muß sofort eine Entscheidung treffen, **er ganz alleine,** und die kann über Leben und Tod entscheiden! Um es etwas zu veranschaulichen, werde ich hier einen Auszug von meinem Buch:*

Unter dem Key of Life 3. Teil „Der vorletzte Kontinent" *einfügen:*

Am 10. Mai gehen wir durch den Exuma sound zurück nach Norden und beim Einlaufen, wo schon die Ebbe gegen uns stand, merkte ich beim Galliot Cut, wie gut ein paar PS am Motor mehr wären. Es dürfte die Saison für Flüchtlinge aus Haiti sein, in Black Point kommt ein 7 m Boot mit 32 Flüchtlinge an, und am Mittwoch ist drei SM vor uns eine Haiti Sloop von 40 Fuß mit 173 Flüchtlingen an Bord mit knapp 10 cm Freibord fast am sinken (wir haben 43 Fuß). Sie wird von Ray, einem Freund und Parkranger von „Waderick Wells" an den

Strand einer Insel geschleppt und auf Grund gesetzt um die Leute nicht zu gefährden.(siehe Foto im Buch)

Das habe ich jetzt nicht eingeflochten, weil von diesen Haiti Flüchtlingen, keiner nur annähernd jemals bis zu 10.000 € für die Flucht hätte zahlen können, oder das einer von ihnen ein Smart Phone auf die Reise hätte mitnehmen können. Diese sind aber nicht in Österreich, sondern in den Bahamas angekommen und dort gibt es für sie weder Unterstützung noch Kinderbeihilfe. Selbst die gesundheitliche Versorgung hält sich da stark in Grenzen, bis sie wieder zurück nach Haiti abgeschoben werden.   Die Regierung könnte man jetzt als „unmenschlich" bezeichnen, aber sie dürften gescheiter und besser rechnen können als unsere Regierung, denn sie wissen, die Bahamas haben nicht genug Ressourcen um all diesen Flüchtlingen helfen zu können. Um ihr eigenes Volk zu schützen und „erhalten" zu können, ist es sicher für ihr eigenes Wohlergehen besser, die Flüchtlinge wieder zurück zu senden, als sie lange in unterversorgten und wahrscheinlich auch unmenschlichen Auffanglagern, dahin vegetieren zu lassen.

Bei uns in Österreich ist es den NGO's und den „Gutbürgern" aber egal, wie schlecht es den Österreicher geht und wie weit IHRE gesundheitliche Versorgung eingeschränkt wird. Hauptsache sie können „helfen" und lassen die „Eingangstür" weiterhin offen, und heißen, so wie die Merkel, alle willkommen. Wahrscheinlich um ihr eigenes Gewissen zu beruhigen oder sich einen Platz im Himmel zu sicher, wer weiß das schon. Jedenfalls schädigen sie damit ihre eigenen Mitbürger und Österreicher, was ihnen aber egal sein dürfte. Aber die Selbstmord Attentäter der Islamisten glauben ja auch daran, daß sie mit ihrer Tat etwas „Gutes" tun und sichern sich dadurch ja auch einen Platz bei ihren 99 Jungfrauen.

Nun wieder zurück zu der Metapher, warum ich die Situation mit den Haiti Flüchtlingen aufgegriffen habe. Die Situation kann ähnlich werden wie es Österreich geht, je nachdem, welche Entscheidung ich als „Skipper" und Kapitän treffe, so wie es eine Regierung und ihre Führungskräfte machen müßten.

Wenn ich in diesem Fall, nicht als ein österreichisches Boot sondern als Österreich handeln muß, und auf offener See auf die Haiti Sloop mit den 173 Flüchtlingen an Bord treffe, muß ich eine Entscheidung treffen, die nicht nur mich, und unser Boot die „Key of life" sondern auch meine Crew (Besatzung) betrifft. In der Metapher eben Österreich und ihre Bürger. Ich kann weder mit irgendwelchen „Gutbürgern" oder NGO's zum diskutieren anfangen, sondern muß als Kapitän die alleinige Entscheidung treffen, was gut für unser Boot und Leben ist, sowie eine Regierung zu entscheiden hat, was gut für Österreich und ihr Volk ist.

Früher hatte dann der Kapitän die zweifelhafte Ehre, wenn er was falsch machte, oder aus anderen Gründen das Boot sank, mit dem Boot unter zu gehen. Eines steht fest, keiner von unserer Führungsspitze, egal welcher Regierung wird für Österreich freiwillig in den Tod gehen, da es sich da ja um ein „Ehrenritual" handeln würde, aber Ehre ist in der Politik sicher nicht vertreten.

Nun in diesem Fall ist eine Entscheidung sicher nicht leicht, ob ich die 173 Leute retten will oder nicht, andererseits doch wieder, denn dafür habe ich ja mein „Handwerk" als Skipper gelernt, was ja unsere Politiker nie mußten, denn sonst wären solche unfähigen Leute ja nie eine Führungsspitze geworden. Aber richtig, die wurden ja gewählt, von Leuten die anscheinend nicht wußten, daß man nur jemanden wählen sollte, der gewisse Fähigkeiten für den Job haben sollte.

Aber wie sagte schon Rosa Luxemburg:

„Könnten Wahlen etwas verändern, würd man sie verbieten"

Die Entscheidung vom Skipper muß einfach lauten, mein Schiff und meine Besatzung, im letzten Fall auch ich, gehen bevor. Auch wenn mir die Entscheidung nicht leicht fällt und „weh" tut, ich kann nicht sinnlos mein Boot und das Leben meiner Besatzung opfern, oder im übertragenen Sinn, das weiter Bestehen von Österreich und ihrem Volk. Denn alleine der Versuch, hier der Haiti Sloop mit den 173 Flüchtlingen an Bord nur näher zu kommen, wäre für uns absolut tödlich. Das Boot hat nur mehr 10 cm Freibord, was für Laien erklärt, nur mehr 10 cm vom Rumpf über Wasser sind, jede größere Welle würde an Deck schlagen und die Sloop wäre unweigerlich zum Sinken verurteilt, und dazu natürlich auch die 173 Flüchtlinge zu Tode verurteilt.

Aber wenn wir in Schwimmweite von der Sloop wären und sie kentert und sinkt, würden die 173 Flüchtlinge ohne Rücksicht unsere „Key of life" (Österreich) entern, und ohne Rücksicht auf die jeweilige Besatzung (Österreicher) unser Boot (Österreich) zum sinken bringen und wir alle wären nun Tot. Der einzige Unterschied zu unserem Flüchtlingsproblem in Österreich ist nur, bei uns an Bord würde es schneller gehen und wir würden es sofort bemerken, was unsere Regierungen und Politiker aber nicht sehen wollen oder dazu fähig sind die Situation richtig einzuschätzen, weil sie eben alles andere als ein „Kapitän" sind. Und vielleicht sollten wir mal erkennen, daß die „Gäste" die wir uns da eingehandelt haben, sicher niemals Rücksicht auf das Wohlergehen der Österreicher nehmen werden, da wir ihnen vollkommen egal sind. Für sie sind wir nur ganz einfach, ein Mittel zum Zweck und nichts anderes!

Allerdings möchte ich trotzdem noch diesen Teil einfügen, wo auch Kommentar von der „Presse" dabei ist, denn von einer „Heute" oder „Österreich" würde ich sicher nichts zitieren, aber in diesem Fall möchte ich es wiederholen, daß es auch der dümmste NGO und

Gutbürger es endlich begreift. Vor allem das der werte Leser nicht denkt, es ist alles nur meine subjektive Meinung.

Denn ist es nicht klar, daß alle zu uns kommen wollen, weil sie genau wissen, in ihren Heimatländern hätten sie keine Rechte um wie hier, sogar auf Grund ihrer „Kultur" Arbeit verweigern können, und trotzdem Geld bekommen.
Hier ein paar Zeilen von der Presse:

Unter AMS-Beratern geht offenbar die Angst um, man könnte ihnen Diskriminierung unterstellen. Weshalb sie laut dem Bericht manchmal „eine nachsichtigere Vorgangsweise in der Betreuung" wählen würden. Der Bericht spricht von mangelnden Deutschkenntnissen als Problem bei der Beratung. Laut Aussagen von AMS-Landesgeschäftsstellen beherrschten die meisten Menschen mit Migrationshintergrund die deutsche Sprache nicht in einem Ausmaß, das für eine Vermittlung ausreichend sei.

Tschetschenen oft gewaltbereit

Befragte AMS-Führungskräfte gaben an, daß „Auffälligkeiten nach Nationalitäten" zu beobachten seien. Massive Probleme gibt es laut Bericht mit der Betreuung von Tschetschenen. Es gebe „übereinstimmende Wahrnehmungen" bezüglich Tschetschenen unter befragten Führungskräften, heißt es in dem Dossier. Demnach seien sie überdurchschnittlich oft gewaltbereit. Berater und Führungskräfte würden bedroht. Unter den Mitarbeitern herrsche teilweise Angst, sodaß sie in manchen Fällen weder Vorschläge für Jobs noch für Kurse machen, um die Kunden nicht zu verärgern. Bei Tschetschenen, Syrern und Afghanen sei die Vermittlung in soziale Berufe oder die Gastronomie schwierig, „weil der Servicegedanke abgelehnt wird", schreiben die Autoren

Zu Hause wird nicht Deutsch geredet

Bei Muslimen würden Väter und Ehemänner Integration verhindern, sie träfen Entscheidungen für Kinder und Frauen. Muslimische Mädchen bis zu 18 Jahren dürfen nicht an Ausbildungen mit dem Argument teilnehmen, daß sie nicht mit Männern in Kontakt kommen dürften. Musliminnen seien nur eingeschränkt in „(soziale) Berufe" vermittelbar, weil sie Männer nicht berühren dürften. Jugendliche der zweiten Generation hätten trotz Schulbesuchs in Österreich mangelhafte Deutschkenntnisse, weil zu Hause nicht Deutsch gesprochen werde.[9]

Also warum sollten die überhaupt irgendeine Bemühung setzen um etwas zu arbeiten, wenn sie genau wissen, sie werden von dem „verblödeten" österreichischen System weiterhin versorgt, sozial und gesundheitlich, und brauchen dafür nur alle paar Monate beim AMS vorbei zu schauen. Das bringt mich schon zum Nachdenken, denn in ihren Ländern wäre für uns bestenfalls „ein Tritt in den Arsch" drinnen.

Es freut mich natürlich für die Flüchtlinge aus der Ukraine die kostenlos eine Wohnung zur Verfügung gestellt bekommen, aber es hat für mich schon einen bitteren Beigeschmack, wenn ich daran denke, daß ich 70 „SIEBZIG" Jahre betteln mußte und nachweißen mußte ob ich unbescholten bin, und fähig auch den Zins zu bezahlen, sowie eine Kaution hinterlegen mußte. Selbst als ich in Notsituation war und mein Boot abgebrannt ist, und ich nach Österreich zurück mußte, und sogar für eine Wohnung was bezahlen konnte, wurde mir von Österreich und Klosterneuburg eine Wohnung verweigert. Dazu habe ich schon diese Geschichte in „Zum Denken verurteilt" geschrieben:

---

[9] **Von Jeannine Binder und Gerhard Hofer**
19.03.2018 in der Presse online.

*Eine Wohnung über die Gemeinde zu bekommen als „Alleinstehender" war unmöglich, und was mir sonst angeboten wurde, da waren die Mieten zu hoch, vor allem wußte ich ja noch gar nicht, wo ich Geld aufstellen konnte, denn normales Arbeiten würde mir die 1. Österreichische Sparkasse und der ÖID sofort bis zum Minimum pfänden, also keine Chance zu überleben. Was nützte mir eine Wohnung mit 8000.- Schilling Zins, wenn mir nur 9000.- gesamt übrigbleiben, es kommen ja noch Strom, Gas und Essen dazu! Ich hatte ja etwas Geld zur Verfügung und somit wollte ich die Wohnung nicht geschenkt, sondern war bereit bis zu 200.000 Schilling für eine Wohnung zu bezahlen, aber wie es außer mir viele erlebt hatten, es war fürchterlich, was einem angeboten wurde und noch dazu mit horrenden Mieten. Durch ein paar Tips aus der Bevölkerung wurde ich zum „Stift Klosterneuburg" verwiesen, die im Stift Wohnungen für „Bedürftige" zur Verfügung stellten, teilweise sogar kostenlos! Nur nach meinen gemachten Erfahrungen dürften „österreichische" Staatsbürger keine „Bedürftigen" sein! Als ich zum Stift kam, fragte ich beim Eingang den Portier, wohin ich wegen eines Ansuchens für eine Wohnung gehören würde. Dieser schaute mich verwundert an und sagte zu mir: „Du bist doch Österreicher?" Ich bejahte, und er hörte sich meine Geschichte an, zu der er dann meinte. Als alleinstehender Österreicher, da konnte er nur lachen, wenn ich einen polnischen Paß oder Staatsbürgerschaftsnachweis hätte, eine Frau und vier Kinder, ja dann könnte ich wahrscheinlich noch am Nachmittag eine Wohnung haben, aber ich, nur mit einer Verlobten, keine Chance! Aber ich könnte es ja versuchen, und so verwies er mich in ein Büro mit besten Glückwünschen, da ihm meine Geschichte mit dem abgebrannten Boot so faszinierte. Eine halbe Stunde war ich wieder am Heimweg, ich begreife bis heute noch nicht die Erklärungen, warum ein Österreicher dort keine Wohnung bekommt, selbst wenn er ein Klosterneuburger ist, aber ich glaube, das liegt daran, daß es keine glaubwürdige Erklärung dafür geben kann! Wieder aber fragte ich mich: **„Wer ist nun eigentlich***

die Minderheit in unserem Land?" *Man ist natürlich sofort ein Rassist, wenn man sagt, daß hier dem Ausländer sichtlich mehr geholfen wird, als einem in Not gekommenen Österreicher, aber es ist doch Tatsache, oder etwa nicht?*

Ich glaube, man könnte doch ein wenig behaupten, daß ich in einer Notsituation war, oder zählt es etwa nicht, wenn man gerade sieben Jahre seines Lebens im wahrsten Sinne des Wortes in Rauch und Asche aufgegangen waren, und man seinen zukünftigen Lebensunterhalt nicht mehr verdienen konnte, weil ein Job als Skipper in Wien eher schwer zu finden war, obwohl ich selbst das auf der Donaurinne mit einem „Elektro Party Boot" gemacht habe, zum Gelächter aller meiner „Freunde"!

(Wie ich gerade Ende Oktober 2008 aus dem „Standard" entnommen habe, und man dem glauben darf, hat sich an der Wohnungssituation nichts geändert, obwohl wir lange genug in der EU sind. Eher das Gegenteil ist der Fall. Laut Studie soll Österreich 2007 das „4" (viert) reichste Land Europas sein, bei meinen Freunden ist davon aber nichts zu bemerken, jeder kämpft ums Überleben. Die üblichen Lohnerhöhungen waren, gegenüber wie die Inflation voranschritt und die Preise erhöht wurden, eher ein „Tropfen auf einem heißen Stein"! Die Frechheit ist, jeder Politiker weiß es und ignoriert es aber, und jedes Jahr bescheißen sie die Leute, wenn sie ihnen den Einkauf für ihre Studie im Warenkorb vorrechnen. Wenn wir so reich sind, wieso hatten wir dann in Österreich 2007 an die 38.469 Delogierungen, davon in Wien 21.570. Bei 2788 Personen wurde in Wien die Delogierung durchgeführt und bei 5284 bundesweit.)

Das wir nun anhand der Teuerungen, noch mehr Probleme in Österreich haben ist ja jeden klar, und wahrscheinlich hat sich niemand vorgestellt das es soweit kommen kann, und wir nun alle bald wirklich in der „Bredouille" sitzen. Jetzt wird es schon wieder wie zur „Corona"

Krise, wo man das WC Papier gebunkert hat, jetzt haben wir kein Holz mehr, weil alle Angst haben im Winter in der Kälte zu sitzen, nur was machen eigentlich die, die keinen Holzofen haben oder wo es verboten ist mit Holz zu heizen? Jetzt wird sogar schon angefragt, ob wie es im „Zweiten Weltkrieg" war, einen „Holzklaubeschein" gibt, damit man im Wald wieder Holz sammeln darf. Überall werden „Wärmepumpen" eingebaut, die ein Vermögen kosten und sich die Leute, wenn sie überhaupt jetzt ein Firma bekommen, die noch einen freien Termin haben um die Pumpen einzubauen. Nur die funktionieren alle auch ohne Strom nicht, also dazu noch eine „Photovoltaik" Anlage gekauft wird und sich nun die Bürger mit Krediten bis an ihr Lebensende verschulden, die wenn es nur durch Ausfall eines Angehörigen oder Krankheit in der Familie, zu einer vorprogrammierten Tragödie enden werden.

Jedenfalls fällt mir dazu wieder ein Zitat von Einstein ein, was die Politik und die jeweiligen Regierung in ihrer Amtsperiode, so tun, nämlich nichts Sinnvolles:

Die reinste Form des Wahnsinns ist es, alles beim Alten zu belassen und zu hoffen, daß sich etwas ändert.

Heute am 14. Juli 2022 hat die Rendi-Wagner, die Frau die mich an die Schlange „Kaa" vom Dschungelbuch erinnert, bei ihr stimmt ja immer noch die Richtung. Wieder eine großartige Idee gehabt, sie ist ja die Einzige die weiß was zu machen ist. Jedenfalls verlangt sie einen „Strom Deckel" damit man nicht teurer werden kann, nur ob es funktioniert, zweifeln auch die Fachleute der Wirtschaft. Ich weiß nur was in Venezuela war, wo „Chavez" bei dem die Richtung auch stimmte, allerdings viele ihn einen Diktator nannten, er hat jedenfalls eine ähnliche Idee. In der Zeit als wir lange in Venezuela waren, hatte „Chavez" bestimmt, das sein Volk, daß ihm ja genauso „wichtig" war, wie der SPÖ unser Volk, es darf die Milch nicht teurer werden, und hat auch einen „Preis Deckel" fest gelegt. Nun rauskam nur, es sperrten in kürzester Zeit sechs Molkereien zu, weil sie um diesen von „Chavez" festgelegten Preis nicht mehr produzieren konnten. Das „Fazit" war, es gab monatelang keine Milch, auch kein Milchpulver, und wenn, dann standen 600 Leute in einer Schlange um zwei Liter Milch zu bekommen, also hat der „Preis Deckel" bei der Milch nicht so wirklich funktioniert. Vielleicht sollte die SPÖ Chefin auch mal in diese Richtung denken, wenn sie ihrer Meinung nach, sicher stimmen wird.

Eine Idee die auch angesprochen wurde, nämlich einen Teil des Stromes und Gas mit einem „Deckel" abzugeben, also erst dann wenn man über das Kontingent kommt, es erst wirklich teuer wird, ist ja auch nicht unbedingt neu, denn wenn ich da an Italien zurück denke, wo wir ja lange Zeit in „Aprillia Maritima" in einem Appartement gewohnt haben, während wir die „Key of life" restauriert haben, gab es ähnliche Regulationen. In Italien bekam man selbst für ein Haus nur einen Stromverbrauch von fünf Kilowatt, also 5.000 Watt zur Abnahme, also wenn nun da im Winter ein Heizlüfter mit 2.000 Watt eingeschaltet war, dann der Warmwasserboiler mit 2.000 Watt dazu kam, war es sicher nicht mehr möglich, in der Küche ein Waffeleisen zu betreiben, oder zu versuchen die Wäsche zu bügeln, ohne daß sofort die Hauptsicherung gefallen ist. Nach meinen Recherchen mit den Hausbesitzern und Vermietern von Appartements, bekam ich die Antwort von ihnen: Man kann natürlich für ein Haus einen 10 kW (10.000 Watt) Anschluß bekommen, nur stieg dann schon vor mehr als 30 Jahren der Strompreis um das doppelte an, und das war sicher nicht nur in „Lignano" so. In den Appartements war es noch ärger, man bekam 3 kW (3.000 Watt) dort konnte man im Winter entweder heißes Wasser zum Duschen haben und im kalten sitzen, oder man saß im warmen und hatte dafür kein heißes Wasser.

Es kann sicher nicht mehr besser werden

Man sagt zwar immer: *„Es kann nur mehr besser werden"* denn was wir jetzt erleben, kommt ja schon sehr nahe an eine Katastrophe, dabei möchte ich nicht mal an den Krieg in der Ukraine denken. Egal was ich jetzt lese oder höre, ist schon fürchterlich genug, und ich weiß nicht was da noch auf uns zukommen wird. Ich hätte auch nie gedacht, daß in diesem einem Monat wo ich mit diesem Buch angefangen habe, die Holz und Pellets Preise ins unermeßliche steigen werden, von Strom und Gas, wie vom Treibstoff habe wir ja schon genug geredet und erlebt. Diese Lügen der div. Regierungen habe ich schon vor Jahren in meinen Büchern aufgezeigt und die ganzen Teuerungen erwähnt, aber das es so arg wird wie jetzt, nach Pandemie mit „Corona" und Ukraine Krieg, hätte ich mir in meinen kühnsten Träumen nicht vorgestellt.

Wieder nimmt die Internet Kriminalität stark zu, und hat sicher noch nicht ihren Höhepunkt erreicht, aber unser Staat hat kein Interesse unsere Bürger zu schützen, nein sie überlassen es wieder dem verblödeten Volk, in Eigenverantwortung darum zu kümmern, natürlich wieder über das Internet, von dem sie aber gerade „betrogen" worden sind. Ich habe es ja schon vor Jahren aufgezeigt, wieso läßt unsere Regierung zu, daß man viele Menschen die ein Haus bauen wollten, und von der Baufirma betrogen wurden und alles ersparte verloren haben, daß die selber Firma mit selben „Betrüger" nur unter einem andere Namen, „fröhlich" weiter machen kann, und weiter Leute in den Ruin treiben kann?

Sie verlangen nun auch wieder, von dem angeblich „mündigen" Bürger, er soll sich, bevor er irgendwas, irgendwo im Internet bestellt, selber, wieder im Internet erkundigen, ob diese Webseite und Firma auch wirklich korrekt ist die Webseite auch echt ist! Was kann denn eigentlich lächerlicher sein als diese Ansage und Rat von unserer Regierung, vor allem in Zeiten wo es bald mehr „fake" News gibt, als wahrheitsgetreue Berichte. Es fallen nicht nur Politiker auf diverse Webseiten und Anrufe rein, und nicht nur viele Bankseiten werden gefälscht, nun aber soll der „mündige" Bürger sich selber erkundigen, ob es ein „fake" oder wahr ist. NEIN, es wäre die Aufgabe vom Staat, Polizei und Regierung, daß diese Webseiten und Firmen nicht die Leute über das vertrottelte Internet betrügen können, vor allem sicher kein zweites Mal mit solch einen Betrug durchkommen können.

Wenn ich daran denke, daß hier mit Telefonanrufen Pensionisten an „fake" Polizisten Euro Beträge und Schmuck übergeben, dann kann ich dazu nur neidisch sein. Denn ich kann mir nicht vorstellen, daß alte Leute so viel auf der hohen Kante haben, und ich bin jetzt schon 72 Jahre alt, aber da ich über 40 Jahre an der Armutsgrenze gelebt habe, könnte das nie aufbringen, geschweige denn würde ich hoffentlich jemals so blöd sein und auf so einen Anruf reinfallen. Also wenn das dann doch jemand macht, fällt er sicher nicht mehr unter „mündig", „Hausverstand" und mit „Eigenverantwortung" und sollte eigentlich einen „Sachwalter" oder von der Familie betreut werden. Es ist natürlich fürchterlich, wenn es bei jemand „geistig" soweit kommt, und ich hoffe nur, falls es bei mir soweit kommt, das ich vorher den „Löffel" abgebe und niemanden mehr zur Last falle.

Aber anscheinend gibt es noch genug Leute, die nicht Demenz sind, sondern einfach nur blöd, wenn sie bei allen seriösen Installations Firmen unter einem Jahr keinen Termin bekommen um in ihr Haus eine neue Heizung mit Wärmepumpe und Photovoltaik Anlage einbauen zu lassen, dann aber eine Firma finden, natürlich über das Internet, wo sie nächste Woche bereits anfangen können. Das es dann nur gegen Vorauszahlung geht, und natürlich das Geld weg ist, und die Firma gar nicht existiert, müßte auch dem Dümmsten klar sein, wo wir wieder beim Schutz der Regierung und bei der Eigenverantwortung wären. Sogar mit Holz und Pellets Lieferungen gehen die Betrugszahlen in die

Höhe, weil natürlich jetzt genügend „Vollkoffer" wie beim WC Papier vor zwei Jahren gibt, die Pellets und Holzvorrat für mehrere Jahre einlagern wollen, sogar jetzt wo die Preise am höchsten sind. Aber wie seit eh und jäh besteht der Grundsatz von: „Angebot und Nachfrage" bestimmt den Preis.

Daß wir durch die EU vielen dieser Firmen überhaupt die Möglichkeit geben, daß sie ihr Unwesen und betrügerischen Firmen immer wieder über das Internet und in Österreich anbieten können, habe ich schon vor Jahren berichtet. Viele Firmenanbieter arbeiten dann mit „Subfirmen" aus Polen oder sonstwo, die erstens keine fachliche Ausbildung haben, und dann bei Reklamation nicht mehr existieren und dann unter einem anderen Firmennamen den nächsten Betrug starten. Dies alles wird durch unseren EU Beitritt und unseren Gesetzen dann noch rechtlich geschützt! Keine gute österreichische Firma hat die Chance einen ausgeschriebenen Auftrag zu bekommen, wenn er österreichische Arbeiter hat und den Kollektivlohn an sie bezahlt, nur jemand der seine Arbeiter aus Polen und anderen Ostblock Staaten in den „Subfirmen" einsetzt kann diese Aufträge soweit unterbieten, wie es ja bei den großen Baufirmen seit vielen Jahren gehandhabt wird wo es echt schon schwer fällt, jemanden zu finden der Deutsch spricht!

Vielen Dank, das wir in der EU sein dürfen! Sicher sind die Installateur Firmen rund um, und in Paris begeistert, denn man findet eigentlich keine einzige Firma mehr, die von Franzosen betrieben wird, es gibt nur mehr subfirmen aus Polen, natürlich mit polnischen Gastarbeiter die wesentlich billiger arbeiten als nach dem kollektiv Vertrag mit gebürtigen französischen Arbeitern. Es wird nicht mehr lange dauern, und es wird auch bei uns soweit sein, schon jetzt ist es nicht mehr möglich für eine österreichische Firma mit Arbeitern die nach dem kollektiv Vertrag von Österreich bezahlt werden, einen stattlichen ausgeschriebenen Auftrag zu bekommen, weil er von den

Subfirmen mit polnischen Gastarbeitern unterboten und billiger angeboten werden kann, weil sie bestenfalls mit polnischen Löhnen bezahlt werden.

Das es natürlich hier auch noch eine Steigerung gibt, hat sich vor ein paar Jahren in den USA gezeigt, wo natürlich hunderttausende Mexikaner als Gastarbeiter, natürlich auch viele nur „schwarz" als Melonenpflücker oder ähnliches, mit einem mindest Lohn auf den Felder arbeiteten. Nun machte man einen Vertrag mit Mittelamerika, wie sich die Vereinbarung hieß, weiß ich nicht mehr, ist aber auch „wurscht", jedenfalls kamen nun Gastarbeiter aus Honduras und anderen armen Staaten in Scharen aus Mittelamerika nach den USA und unterboten nun den niedrigen Lohn der Mexikaner und somit verloren die Mexikaner ihren Job auf den Felder. Es kam natürlich zu Ausschreitungen und Demonstrationen der Mexikaner, die gegen die Gastarbeiter aus Mittelamerika auf die Barrikaden gingen. Nur egal was so in der Welt mit der Wirtschaft passiert, unsere Regierung wird daraus nichts lernen, weil wir anscheinend nur unfähige korrupte Politiker im Parlament und in den Parteien sitzen haben, egal welche Regierung auch gerade an der „Macht" ist. Keiner von ihnen hat Interesse was in Österreich und mit ihren Bürgern passiert, Hauptsache es ist für ihre Partei gut, und wenn geht natürlich auch für ihren „Sack"! Somit ist es auch egal, ob wirklich eine Partei mal eine gute Idee für Österreich hat, und was unserem Land dienlich sein könnte, schreien sofort die Opposition Parteien „zeter und mordio" weil die Idee nicht von ihnen kam, weil ja immer nur die Opposition weiß was richtig ist, und welche Richtung stimmt, aber selber nachweislich noch nie wirklich was Gutes für Österreich bewirkt haben.

Es ist also kein Wunder, daß „Trump" eine Mauer bauen wollte um den illegalen Gastarbeiterstrom auf zu halten, und wenn man die Situation in den USA betrachtet, ist es auch kein Wunder, daß er so viele Anhänger bekommen hat. Schon Jahre vorher als wir in den USA waren, sahen wir das Problem, wo nun statt „schwarze" viele „weiße" diskriminiert wurden. Dazu ein kurzer Bericht, als ich von ehemaligen „weißen" Busfahrer erfahren habe, das sie auf Grund der „Rassengleichheit" jetzt keine Chance mehr als Busfahrer eine Stelle zu bekommen, weil jetzt die „Farbigen" vorgezogen werden, damit man ja nicht sagen kann, es werden die „Farbigen" diskriminiert! Dazu ein kurzer Bericht, wie es so in den öffentlichen Bussen in Miami zugeht:

Erwähnenswert sind sicher auch die öffentlichen Verkehrsmittel im Micky Maus Land, wo man immer einem Urlaubstag braucht, um etwas zu erledigen. Busse fahren im Stundentakt, und die Chance für eine Verkühlung beträgt 95%, denn jeder Bus ist fast auf Minusgrade runter gekühlt. Ab 20 Uhr kann man von den Randbezirken einen Bus überhaupt vergessen, und sonntags reduziert sich alles nochmals um die Hälfte. Wieder wird mir voll bewußt, daß dieses Land so weit zurück ist, daß wir uns in Österreich glücklich schätzen können, und dies sollten die Jugendlichen einmal selber sehen können die so von Amerika schwärmen. In Kuba fahren die Busse öfters, in Rußland, Jugoslawien oder Polen habe ich schönere Bushaltestellen gesehen als in dem „Micky Maus Land", ganz davon abgesehen, daß es meistens gar keine gibt. Zu 90%, und das ist sicher nicht übertrieben, gibt es weder ein Dach noch eine Bank bei den Bushaltestellen. Die kleine Tafel, die anzeigt, daß dort irgendwann einmal ein Bus vorbei kommt, steht irgendwo in der Gegend. In der Wiese oder am Straßenrand findet man nicht einmal einen betonierten Platz, wo man warten könnte. Man kann teilweise in der Wiese stehen, wo man bei den mehrmals täglichen Gewittern bis zu den Knöcheln im Matsch steht. Oder man steht am Straßenrand, wo man wie ein Torero vor den Autos zur Seite springen kann, denn auch simple Gehsteige gibt es in diesem Land nur wenige, und wenn, dann hören sie irgendwo im „Nichts" auf. Wenn man dann nach einer halben Stunde oder längerer Wartezeit klatschnaß in den fast auf minus Grade runter gekühlten Bus einsteigen kann, muß man froh sein, nur eine Verkühlung und keine Lungenentzündung zu bekommen. Der Fahrer ist meistens ein ca. 130 kg schwerer Farbiger, der die ganze Zeit über mit einer Hand fährt, weil er mit der anderen Hand sein „Cell phone" hält und telefoniert! (Übrigens, keiner in den USA sagt „Handy") Wir waren bisher noch in keinem Bus, wo der Fahrer nicht telefoniert hätte. Die Einrichtung einer Freisprecheinrichtung dürfte auch noch nicht in das „Micky Maus Land" vorgedrungen sein, und ich bezweifle sehr, daß die Chauffeure eine speziellen Führerschein machen müssen, um Personen zu befördern. Nachdem in Kalifornien eine Tageszeitung bewiesen hat, daß ein „Affe" den Test für den Führerschein ablegen konnte, kann man sich vorstellen, welche Prüfung diese Chauffeure machen mußten. Ab 2000 Uhr geht eigentlich kein Bus mehr und wenn, dann sicher nicht dorthin, wohin man will. Aber auch in der Hauptverkehrszeit passieren die sonderbarsten Dinge. Wir fuhren um ca. 1700 mit dem Bus von der „Hurrikan Cove" Marina am Miami River zurück nach Dinner Key, als der Bus nach ca. 30 Minuten endlich kam, fuhr er gerade vier Stationen, um dann alle Fahrgäste, ca. 20 Leute, aussteigen zu lassen und nach Hause zu fahren. Nachdem wir die Leute fragten, fanden wir heraus, daß das normal sein dürfte. Wir mußten weitere 35 Minuten auf den nächsten Bus warten.

Neue Radfahrgesetze sind lächerlich

Wie ich schon mal bemerkte, wäre Kogler als Bauer wesentlich besser, denn schlechter als in der Politik kann er ja nirgends sonst sein. Was hier die „Grünen" wieder anrichten wollen, ist mehr als eine „Frechheit". Ich bin selber Radfahrer und weiß was für „Vollkoffer" jetzt unterwegs sind, und man hat keine Chance ihnen zu entgehen, noch zu belangen, wenn sie jetzt schon bei „rot" über die Kreuzung fahren, oder beim vorbeifahren den Rückspiegel abreißen und sicher nicht stehen bleiben, wo man dann um 200.- bis 400.- € teuren Rückspiegel selber bezahlen kann. Nun wollen sie diese rücksichtslosen Radfahrer auch noch bei „rot" rechts an den Ampeln abbiegen lassen, und man soll beim überholen 1,5 m Abstand halten, was in 90% auf den Straßen nicht möglich ist und man dann stundenlang hinter den Radfahrern nachfahren müßte, wie wenn es nicht schon genügt, das einem in jeder Einbahn bereits die Radfahrer entgegen kommen. Auf den Gehsteigen kommen mit großer Geschwindigkeit die „Elektroroller" entlang, und wer weiß was passiert, wenn jemand aus dem Haustor tritt und dann mit 25 km/h von einem Tretroller oder Fahrrad erfaßt wird? Sicher geht das nicht nur für ältere Leute mit einer gröberen Verletzung, wenn nicht noch schrecklicher, aus! Obwohl ich diese Gesetze schon vor Jahren angezweifelt habe, sie aber jetzt noch bloder wurden, ich möchte es nochmal anzeigen:

Als Erklärung dazu, denn ich bin selbst auch Radfahrer. Wie kann man in Wien, fast in jeder schmalen Gasse, wo in einer Reihe die normalen längs parkenden Autos, und auf der anderen Seite noch die schräg Parker stehen, gegen die Einbahn einen Fahrradweg in die Gegenrichtung markieren? Das kann ja nur möglich sein, wenn man dieser Firma extra eine vollkommen unnötige Arbeit zukommen lassen will, wo natürlich damit viel Geld verdient wird, und irgendjemand dafür eine fette Provision bekommen hat. Natürlich bekam diese Firma

*dafür nur den Auftrag, weil sie gerade in der richtigen Fraktion war,
die halt gerade wieder mal das „Sagen" hatte.*

*Man muß sich diese Situationen in den engen Einbahngassen, ja
mal so richtig vorstellen und auf „der Zunge zergehen" lassen. Es ist ja
in allen Gassen in Wien, dasselbe „Trauerspiel". Aber in diesem Fall
nehme ich als Beispiel in unserem „Grätzel" (Fasanviertel) die
Hohlweggasse, die parallel zur Fasangasse verläuft, und unten fast an
den Rennweg und bis nach oben zum Gürtel geht. Von dem einmal
abgesehen, daß wenn ein höheres Auto wie ein SUV oder Kastenwagen
durch die Einbahngassen von oder zur Hohlweggasse fährt und es
kommt ihm ein Radfahrer entgegen, er auf jeden Fall, vom
Außenspiegel, eine schallende „Ohrfeige" bekommen, bis dahin, daß
ihm der Kopf abgerissen würde, wenn das Fahrzeug auch die 30 km/h in
der Gasse einhalten würde, weil es sicher nicht breit genug ist, ohne
dabei die schräg Parker zu beschädigen.*

*Aber über diese Situation rede ich jetzt gar nicht, sondern wie
sinnvoll diese Regelung sein soll, und ob mir das der verblödete
Politiker, der das entschieden hat, bitte erklären könnte. Denn nehmen
wir mal an, ich will irgendwo von der Mitte der Hohlweggasse in
Richtung Fasangasse fahren, dann will ich, oder muß ich mich ja
entscheiden, ob ich nach runter zum Rennweg, oder nach rauf zum
Gürtel will, denn geradeaus weiter kann ich ja spätestens beim
botanischen Garten nicht mehr, denn dort stehe ich an der Mauer an,
auch als Radfahrer. Also kann ich mich ohne Probleme vorher
entscheiden, ob ich die Einbahngasse in Richtung Fasangasse weiter
unten, oder die andere Einbahngasse weiter oben zum Gürtel hin
nehme, und ich brauche dazu sicher keinen Fahrradweg genau in der
Mitte gegen eine andere Einbahngasse! Und wenn diese Entscheidung
ein Radfahrer nicht treffen kann, dann müßte man ihm selbst das
Radfahren verbieten, oder nicht? Also da sind sicher 90% all dieser
vertrottelten Fahrradmarkierungen absolut unnötig und es hätten
sicher Millionen von Steuergeldern gespart werden können. Leider hat
man sicher keine Chance mehr, wie das von den Parteifreunden
seinerzeit geregelt (gemauschelt) wurde. Aber da ich es gut genug weiß,*

wie das mit den Aufträgen gehandhabt wird, bin ich sicher, daß wir ohne die Fahrradmarkierungen in engen Gassen ausgekommen wären.

Leider bekam ich keine Auskunft von irgendeinem Amt, was eigentlich das Aufstellen von zig Tausenden „Nachrangtafeln" gekostet hat, da ja in jeder Einbahn, wo in die Gegenrichtung ein Fahrradweg markiert wurde, bei der Einfahrt in die Einbahn, die aber jetzt auch als Ausfahrt für die Radfahrer dient, **<u>nur für die Radfahrer</u>**, eine Nachrangtafel aufgestellt wurde. Dazu gab es leider keine Aussage über den Preis, aber sicher war eine befreundete Firma von der jeweiligen Partei an dem Auftrag interessiert und hat genug daran verdient.

Aber wie sagte schon Plato:

„*Wer in der Demokratie die Wahrheit sagt, wird von der Masse getötet!*"

Die Geschichte wiederholt sich

Da sich die kriminellen Aktion, von Modewörtern begleitet, wie „Home Invasion" wer diese vertrottelten Wörter erfunden hat ist mir unklar, aber will man damit was anderes Aussagen, als es ist. Wenn zu 90% von Asylanten, Flüchtlingen, oder Migranten, alte Leute in ihrem Haus überfallen, beraubt und in manchen Fällen nicht nur brutal zusammen geschlagen werden und sogar getötet. Muß ich auch wieder mehr als 30 Jahre zurück denken, wo auch in Italien viel Flüchtlinge aus Albanien aufgenommen wurden, was es ihnen gebracht hat, würde ich, obwohl es wieder aus einem anderen Buch ist, nochmals anzeigen:

Ok, das wird wieder eine Wiederholung von meinem Buch „Zum Denken verurteilt". Aber ich glaube doch, daß man diese Dinge gar nicht oft genug wiederholen kann, bis sie die NGO's und „Gutbürger" endlich einmal kapieren. Aber ich glaube nur eine Gehirnwäsche würde bei denen was nützen, wobei ich nicht sicher bin, ob bei ihnen überhaupt ein Gehirn installiert ist, weil dann würden sie einmal über unsere Situation in Österreich besser nachdenken, was bis Dato sicher nicht der Fall ist. Vielleicht ist es an der Zeit, endlich bei uns mal die Türe zu verriegeln!

Es sollten sich die „Gutmenschen" einmal ansehen, wie es in Lignano vor zig Jahren ausgeschaut hat, als dann die "Flüchtlinge" aus Albanien aufgenommen wurden! Die Kriminalität stieg um das Zigfache, und die Appartements, Freizeitanlagen und Parks waren verwüstet und verdreckt und das war dann der "Dank" der Flüchtlinge, und es wird hier nicht anders sein. Vor allem haben wir hunderttausende wirkliche Österreicher die unter der Armutsgrenze leben, aber die bekommen weder eine Wohnung noch sonst eine Unterstützung.

Bei uns kommen aber Flüchtlinge illegal ins Land und fordern dann eine kostenlose Unterkunft und Verpflegung. Wieso bekommen es unsere eigenen Leute nicht? Für Flüchtlinge wird pro Tag mindestens

21.-€ ausgegeben. Aber z.B. ich, da ich lange Zeit im Ausland am Segelboot war und vorher nur halbtags gearbeitet habe, bekam nur 11,92 € pro Tag und niemand bezahlte meine Unterkunft, Heizung oder anderes, obwohl ich sicher mehr eingezahlt habe als alle Migranten und Flüchtlinge, denn sonst würde ich von Österreich überhaupt keine Unterstützung erwarten können. Aber die eigenen Leute interessiert das System anscheinend nicht!

Nun es hat sich seither in Österreich sicher nichts zum Guten gewendet, eher das Gegenteil ist der Fall. Nun wie ich ja schon Humbold zitiert hatte, und ich wirklich schon viel von der Welt gesehen habe, aber nicht weil ich dort 14 Tage im Urlaub war, glaubte ich das letzte Mal im Penny Markt beim Einkaufen, ich wäre in Venezuela.

Das die „Terroristen" (Kinder) unserer Migranten durch die Gänge liefen ohne das sie von den Eltern irgendwie zurück gehalten wurden und die anderen Leute beim Einkaufen terrorisierten, was nicht einmal die österreichischen Kindern von den „Mundels" und „Nasenbohrer" von ihren Eltern erlaubt bekommen hätten, schockte mich eine Tatsache die ich sah. Ich glaubte anfänglich gar nicht was ich sah, aber ich gebe zu, daß ich ab und zu gerne Schokolade esse, und deshalb auch eine „Milka" einkaufte. Da dachte ich schon, wie weit sind wir in Österreich gekommen? Die Milka um 90 Cent war bereits elektronisch gesichert. Also wird bei uns schon so viel in den Supermärkten gestohlen, wie in den Ländern, von wo unsere „Gäste" auch immer herkommen.

Natürlich gibt es dazu natürlich von keiner Seite, Amt oder Polizei dazu Namen, die eventuell die Herkunft der Diebe aussagen könnten, und es wundert mich schon manchmal, das die Kassiererin wenigstens Deutsch spricht, obwohl man Deutsch beim Penny im 3. Bezirk schon sehr wenig hört. Warum sollten sich denn unsere

Migranten bemühen unsere Sprache zu lernen, das Geld bekommen sie ja trotzdem von unserem Staat.

Man verurteilt bei uns Leute, die irgendwelche Liederbücher von ihren Eltern zu Hause haben, die angeblich eher „rechts" gerichtet sind, was immer das bedeuten mag. Wahrscheinlich wird jemand sofort „gesteinigt" weil er seine Lebenszeit verschwendet und „Mein Kampf" lesen will. Wenn er das Bedürfnis hat, warum soll er es dann nicht tun, oder sind wir eigentlich auf derselben Stufe, wo im „Dritten Reich" gewisse Bücher verboten wurden und öffentlich verbrannt? Ich sehe da eigentlich nicht viel Unterschied dabei, obwohl ich sicher weder das Bedürfnis habe „Mein Kampf" zu lesen, noch aus den Liederbücher was zu singen. Aber man sollte das sowieso verblödeten Volk, doch tun und lassen was sie wollen.

Wir lassen ja auch zu, daß unseren Frauen die Rechte wieder entzogen werden, für die sie seinerzeit gekämpft haben. Aber jetzt dürfte es „in" sein zum Islam zu gehören, da paßt sicher genau der Spruch von Karl Marx:

„Religion ist Opium für das Volk"

Das Kopftuch es lebe hoch, da kann man „ferngesteuerte" noch besser erkennen, als sonst, oder was kann es sonst bedeuten. Egal ob jemand einer Religion oder einer Partei angehört, er muß eben an etwas glauben, was ihm jemand einredet. Was eigentlich das Beste am Kopftuch ist, ich habe da in meinen Archiven ein PDF mit vielen selten Fotographien und unter anderem, ein Foto von Osama bin Laden und seiner gesamten Familie, insgesamt 22 Personen, darunter sind 11 (ELF) Frauen und nur eine einzige, anscheinend die älteste, hat ein Kopftuch auf!

CUIUS REGIO, EIUS RELIGIO:

Wer das Land beherrscht, bestimmt die Religion seiner Untertanen!

Leider ist es bei uns in Österreich nicht mehr leicht zu bestimmen, welche Religion wir eigentlich haben, unsere „Gäste" scheinen ja schon zu bestimmen, ob wir ein Kreuz in unseren Schulen aufhängen dürfen?

Ja man hat uns schon voll ins Hirn geschissen, das ist Tatsache! Wir sollten das in ihren Ländern versuchen, man sollte unsere „Gutbürger" einmal für eine Zeit dorthin senden, wo sie dann ihre Rechte suchen könnten. Wie sie sich dann wohlfühlen würden, in Ländern mit „Menschen" die Frauenrechte mit Füßen treten?

Das hat alles nichts mehr mit der sogenannten „Religionsfreiheit" zu tun. Wir müssen uns nach unseren „Gästen" richten, sonst sind wir Rassisten, und wir sollen unsere Freiheit einschränken, nicht die Migranten, wie weit wird es noch kommen. Um da Benjamin Franklin zu zitieren:

„Wer Freiheiten aufgibt um Sicherheiten zu gewinnen, verdient weder Freiheit noch Sicherheit"

Ich möchte nochmals ausdrücklich betonen, ich habe lange Jahre mit Farbigen auf unserer Insel gelebt und nie mit anderen Rassen und Menschen irgendwelche Probleme gehabt, auch wenn wir dort nie die Rechte hatten, wie die Flüchtlinge und Asylanten bei uns in Österreich, also bin ich sicher nicht rassistisch sondern eher sehr nachdenklich, deshalb hier nochmal das Schreiben von einem Australischen Minister, mit dem er seine Meinung den „Gästen" in diesem Land ausrichten ließ, will ich auch hier rein stellen:

„Get the f.... hell out of here" Verschwindet aus unseren Land!

Wenn ihr die Werte in Australien (Österreich) nicht wollt und lieber unter der Islamischen Scharia oder statt in einer Demokratie in einer Theokratie[10] leben wollt, dann ist Österreich nicht das richtige Land für Euch!

Es werden bei uns nicht zwei verschiedene Gesetze praktiziert und schon gar nicht religiöse Gesetze! Unsere Gesetze wurden in einer Demokratie und vom Parlament in unabhängigen Gerichten gemacht. Wenn Ihr es vorzieht unter islamischen Gesetzen zu leben, dann habt ihr die Möglichkeit in ein Land zu gehen wo sie praktiziert werden, und wenn ihr mit unseren Gesetzen und Religion nicht einverstanden seid, steht es Euch frei zu verschwinden, vielleicht wäre das die besser Lösung für Euch. Nochmals grundlegend gesehen, wenn Ihr unsere Gesetze und Religion nicht akzeptiert und so leben wollt, verschwindet aus unserem Land!

„Einwanderer, nicht die Österreicher, müssen sich anpassen!"

Haben das unsere Politiker auch gelesen und verstanden?

Entweder Einwanderer nehmen Australien (Österreich), wie es ist, oder sie lassen es und bleiben fern von uns. Ich habe genug davon und bin sicher nicht der Einzige, der „müde" davon ist, andauernd auf Ausländer, ihre Religion und Kultur Rücksicht zu nehmen und bei jedem Wort aufpassen zu müssen, um nicht ein ausländisches Individuum damit zu beleidigen und als Rassist bezeichnet zu werden.

---

[10] THEOKRATIE gr. polit. System, in dem relig. Amtsträger als Stellvertreter Gottes die Herrschaft ausüben, wie z.B. im Judentum

Wenn Ausländer mit der Vorstellung nach Australien (Österreich) kommen, bei uns ein besseres Leben zu haben als in ihrer Heimat, dann sollen sie aber auch nach unseren „Spielregeln" spielen. Leute, die in unser Land kommen, oder Ausländerkinder, die bereits hier geboren wurden, sollten das lernen und verstehen.

Die Idee, daß Australien (Österreich) eine multinationale Gesellschaft wird, kann nur funktionieren, wenn unsere Unabhängigkeit und nationale Identität dabei nicht untergraben wird. Als Australier (Österreicher) haben wir unsere eigene Kultur, unsere eigene Gesellschaft, unsere eigene Sprache und unseren eigenen Lebensstil.

Unsere Kultur hat sich über Jahrhunderte in Kriegen, Kämpfen, Kraftproben, Entbehrungen, Verlusten und Siegen geformt, und viele Australier (Österreicher) haben dafür ihr Leben gegeben, um das zu formen, was wir jetzt einen freien Staat nennen, und das wollen wir uns sicher nicht von eingewanderten extremistischen, kriminellen Ausländern zerstören lassen. Wir sprechen hauptsächlich Englisch (Deutsch) und nicht Türkisch, Jugoslawisch, Polnisch, Tschechisch, Spanisch, Libanesisch, Arabisch, Chinesisch, Japanisch, Russisch, Englisch oder andere Sprachen. Deshalb, wenn ihr wünscht ein Teil unserer Gesellschaft zu werden, lernt unsere Sprache!

Die meisten Australier (Österreicher) glauben an Gott, aber das ist nicht irgendein rechter politischer Flügel, sondern eine Tatsache, weil unsere Nation auf christlichen Werten aufgebaut wurde, und ich glaube, das ist auch genügend dokumentiert worden, nicht nur in den Kreuzzügen und Türkenkriegen. Es dürfte durch die Kreuze, die in unseren Schulen und Gerichten an der Wand hängen, und die Eide, die wir auf die Bibel schwören, auch genügend bewiesen sein. Wenn Ihr Gott als eine Beleidigung anseht, dann habe ich den Vorschlag, Ihr wählt ein anderes Land in der Welt als Eure neue Heimat, weil Gott, ist ein Teil unserer Kultur!

Wir wollen Euren Glauben akzeptieren und nicht fragen, warum Ihr ihn habt, alles, was wir fragen, ist, daß Ihr unseren Glauben akzeptiert und in Frieden und Harmonie mit uns zusammenlebt. Wenn Ihr Euch aber unter unserer „Rot-Weiß-Roten" Flagge unterdrückt fühlt, dann solltet Ihr ernsthaft überlegen, in einen anderen Teil unseres Planeten zu gehen.

Wir sind glücklich mit unserer Kultur und haben nicht die Absicht, sie wegen Einwanderer zu ändern, uns interessiert es nicht im Geringsten, wie Ihr die Dinge in Eurem Land handhabt, von wo Ihr gekommen seid! Bei allem Verständnis für Euch, behaltet Eure Kultur, aber zwingt sie nicht anderen auf!

*Das ist unser Land, unsere Stadt und unser Lebensstil, und wir geben Euch alle Möglichkeiten, Euch daran zu erfreuen. Aber wenn Ihr Euch über unser Land und unsere Farben beschwert und nicht damit einverstanden seid, nur raunzen könnt und Einwände habt nach unsere Art zu leben, dann möchte ich Euch dazu auffordern, einen der größten Errungenschaften unserer Demokratie und eines freien Landes auszunützen: „**Ihr habt das Recht zu gehen!**"*

Wenn Ihr in Australien (Österreich) nicht glücklich seid, dann geht! Wir haben Euch nicht gezwungen, gerufen, noch gefragt, daß Ihr kommt! Ihr wolltet nach Österreich kommen! So akzeptiert unser Land, das Ihr gewählt habt!

Da habe ich nun Freunde, die mir sagen, daß ist „rechte" Propaganda und alles ist nicht wahr, da frage ich mich schon, wie und wo die Leben, vor allem was sie da so sehen? Die sind so engstirnig, daß sie mit Beiden Augen durch ein Schlüsselloch sehen können. Anders ist es nicht möglich, Tatsachen nicht zu erkennen, die sich vor ihren Augen und Leben abspielen. Mir persönlich gehen alle Parteien und Politiker, egal ob „links" oder „rechts" am Arsch vorbei, und was ich von ihnen halte, habe ich auch schon ausführlich hier und in „*Zum Denken verurteilt*" beschrieben, und die sind es sicher nicht wert, das ich es hier nochmals wiederhole.

Nachwort zum Erinnern zusammen gefaßt

Mir wäre es zwar lieber, aber leider kommen wir auch jetzt im Juli 2022 nicht über das Thema „Corona" hinweg, speziell nach wieder einem „Donauinselfest" ohne Einschränkungen und man wieder die „Eigenverantwortung" in das verblödete Volk legt. Alles wieder ein Grund, für unsere, meiner Meinung nach „bescheuerte" Regierung mal lockere 400.000 € an Werbung für einen Schülerpaß auszugeben, was mich an die Webseite „Kaufhaus Österreich" erinnert, die jetzt eingestellt wurde nachdem sie 960.000 € gekostet hat, oder die Unsummen an Werbung für „Shöpping.at" wo man selbst wenn man ein Patriot ist, eigentlich nicht das bekommt was man will, und auf „Amazon" das ZWANZIG fache an Angeboten gemacht wird, also die Werbung dafür, mehr als vertrottelt ist, denn selbst wenn man versucht, so wie ich, sogar dreimal dort was zu bestellen, gibt auch der beste Patriot auf, auf einer „Österreichischen" Webseite was einzukaufen, denn außer Ärger, bekommt man dort nichts wirklich angeboten! Es werden auch noch immer die E-Autos und E-Bikes beworben und dafür hundert Tausende von Euro ausgegeben, aber keiner sagt dazu, welchen Schaden die ganzen Batterien für die Fahrräder, Tabletts, Handys bereits bei der Erzeugung und Abbau der Rohstoffe vor dem Kauf an Schaden an der Umwelt angerichtet haben, und sicher dieser Erwerb von diesen Batterie betriebenen Geräten, alles andere als „Grün" und umweltfreundlich ist, und nie sein wird, denn hier wird der „Klimaschutz" mit Füßen getreten und das Volk noch mehr verblödet was man ihm einreden will und kann.

Immer noch haben wir Probleme mit „Abschiebung" von Verbrechern, denn da in Afghanistan die Taliban nun fast wieder überall die „Oberhand" gewonnen haben, sollen wir nun alle Vergewaltiger, Messerstecher und Diebe in Österreich behalten und dürfen sie laut EU nicht mehr in ihr Land zurück schicken. Mit diesem Problem kommen nun auch nun wieder hunderte Flüchtlinge in Burgenland über die Grenzen, und die Gutmenschen erklären uns wieder, was wir für ein Glück haben in Österreich geboren zu sein und nicht in einem Land wo Krieg ist. Nur verstehe ich trotzdem nicht, warum diese „armen Menschen" trotzdem weiterhin züchten wie die „Meerschweinchen" und sogar in Flüchtlingslagern wo es nicht mal was zu essen gibt, weiterhin Kinder in die Welt setzen? Unser Gesundheitssystem „kracht" an allen Ecken weil wir schon den ganzen Ostblock mit unserer „E-Card" versorgen und wir Österreicher nun Monate auf einen Arzttermin warten müssen, oder man hat das Geld für einen Wahlarzt, was ich mir sicher nicht leisten kann, und sie sagen jetzt im TV daß viele unter der Armutsgrenze leben, die sie jetzt sogar mit 1328.-€ angeben, (ich bekomme 977.- Mindestrente, auch meine Frau hat nicht mehr also weit unter der Armutsgrenze) also habe ich die letzten 40 Jahre unter der Armutsgrenze gelebt und mir hat niemand eine Wohnung gegeben noch die Miete und den Unterhalt bezahlt, wie wir es für zig tausende Asylanten seit Jahren machen. Ich frage mich wie lange es noch gutgehen kann, und welche Idee die Regierung dazu hat, wie alle Regierungen vorher die auch keine hatten, sollen wir Österreicher nun unsere Heimat verlassen, damit die Migranten mehr Platz haben? Vor allem ist die Mindestrente mit 977.- € weit entfernt von der jetzigen angegebenen Armutsgrenze!

Bitte mich nicht falsch verstehen, aber ich kann es schon nicht mehr hören, daß alle Menschen angeblich gleich sind, denn von einer „Gleichheit" kann in keinster Form eine Rede sein, geschweige denn mit der Kultur oder was noch ärger und vertrottelter ist, in der Religion. Um das leidliche Thema noch mal aufzuzeigen, ich fühle mich sicher nicht als was „besseres" noch weniger als „elitär", nur lasse ich mich sicher nicht auf dieselbe Stufe stellen, wie die „sechs Kategorien" die sich Sendungen wie „Amore unter Palmen", „Das Geschäft mit der Liebe", „Mein Gemeindebau" oder über Reportagen von Lignano usw.

wo man sich dafür geniert ein Österreicher oder besser gesagt, ein „Mensch" zu sein. Wobei wie ich schon mal in vorigen Bücher geschrieben habe, gehören nicht nur die Leute die sich solche einen scheiß ansehen in eine Anstalt, sondern die Redaktionen die es zulassen sowas in den Boulevard privat Sendern zu senden, wobei der „unabhängige" stattliche ORF mit „Liebesgeschichten und Heiratssachen" um keinen Deut besser ist. Jetzt gibt es ja wieder in den Oppositionsparteien Aufregung weil ein türkiser Programmdirektor gewählt wurde, wie wenn es zu der Zeit als die SPÖ am Ruder war, es anders gewesen ist, nur wer dann noch sagt unsere Sender sind „unabhängig" kann nur total verblödet sein oder noch an den Weihnachtsmann glauben.

Weil wir gerade beim ORF sind, muß ich mich nochmals über die diversen Moderatoren „aufregen" wo könnte ich mich sonst darüber beschweren als hier. Ich sehe mir wegen der Nachrichten gerne das „Frühstücksfernsehen" an, was mir in manchen Berichten, egal ob „Puls 4" oder „ORF" schmerzen bereitet, und ich mich frage, wieso bringen die so was? Daß die Leute ferngesteuert sind, habe ich ja schon erklärt, nur warum in „Puls 4" z.B. der eigentlich sympathische Andi wie viele ferngesteuerte die „Mode" mit zerrissenen Jeans noch im TV vorzeigen muß ist mir unklar, ist das Volk nicht so schon verblödete genug? Sollte er aber zerrissene Jeans tragen müssen, weil er von Sender eingekleidet wird, dann tut er mir noch mehr leid, denn ich würde sie sicher nicht anziehen und diese vertrottelte Mode vor Publikum tragen, denn so viel Ehrgefühl sollte ein Mensch trotzdem es sein Job ist, doch haben. Die „Musiker" die sie da manchmal vorstellen sollten auch nicht öffentlich gezeigt werden, dabei rede ich da noch gar nicht von der „Wall of fame" noch eine der Berichte die fürchterlich weh tun, über den Moderator möchte ich nicht mal eine Zeile verschwenden.

Erwähnen möchte ich da auch noch die Moderatorin Eva Pölzl die eigentlich auch sehr sympathisch ist, nur leider kommt sie mir persönlich vor, wie ein weiblicher „Heinz Conrad". Ich muß ihr allerdings hoch anrechnen, wie sie es schafft mit ihrem „süffisanten" Lächeln stundenlang durch die Sendung zu kommen. Was ich über die „Musiker" halte, die da von der ORF Redaktion immer eingeladen werden, habe ich ja schon im 4. Kapitel von meinem Buch *„Wie weit können wir noch verblöden?"* beschrieben und die „Lieder" aufgeschrieben, also kann da die Fr. Pölzl nichts dafür, nur wenn sie die Musiker dann nach ihren Vorträgen begrüßt und Interviewt, „zucke" ich aus, denn wie kann ich bei jedem in einem Anfall von Begeisterung fallen? Jedes Mal höre ich von ihr, ein WOW, SUPER und wie herrlich dieses „Musikstück" war, und damit wird sie für mich mehr als unglaubhaft. Mir ist natürlich klar, daß sie nicht ehrlich sein kann und sagen was sie wirklich von dem „Lied" hält, aber was sie macht ist mehr als übertrieben, und nur wenn sie eventuell an „Geschmacksverwirrung" leiden würde, wäre es zu erklären, daß ihr jedes „Lied" so fürchterlich es auch ist, so gut gefällt, denn das kann nicht normal sein. Ich weiß zwar, daß es Krankheiten gibt, wie zum Beispiel bei „Epilepsie", daß als Nachwirkungen nach einem *„Grand Mal"* dann abnorme Sinnesempfindung, wie z.B. *„Geschmack Sensation"* auftreten können, was aber bei der Fr. Pölzl nicht der Fall ist, da sie ja sicher nicht krank ist aber ihre Begeisterung nur gespielt, aber sicher nicht immer ehrlich sein kann. Auch wenn es mir als Moderator verboten ist, meine Meinung zu sagen, muß ich nicht diese unnatürliche Begeisterung heucheln, denn so was macht sie unsympathisch, was sicher kein Vorteil sein kann, es wäre glaubwürdiger wenn sie freundlich neutral bleiben würde.

Hier muß ich noch anmerken, wie „Corona" diese angebliche „Musikbranche" beeinflußt hat, denn viele dieser angeblichen „Musiker", jedenfalls behaupten sie das, bekommen noch Geld vom

„Musikfond" bezahlt, und was noch fürchterlicher ist, sie hatten in der Zeit des Lockdowns noch Zeit, mehr von dem „Schmarrn" zu komponieren und zu texten, was der größte Schaden an der Pandemie ist, denn wie ich an den unzähligen Lieder die ich schon im 4. Kapitel aufgezählt habe, wäre der Menschheit viel erspart geblieben wenn sie diese Musik nicht auf den vertrottelten Musikmarkt gebracht hätten, wie wenn nicht „Helene Fischer" und „Volks Rock an Roller Gabalier" schon Strafe genug wäre. Denn was hier an Musiker vorgestellt wird, fällt unter der von mir „erfundenen 90:10 Regel" wobei man hier sicher 90% der vorgestellten „Musiker" ersparen könnte, denn es ist eine Frechheit was sich heute so alles „Musiker" oder „Kabarettist" nennt, denn da könnte ich mich selber auch als Schriftsteller bezeichnen, was ich aber sicher nicht tun werde.

Heute im Juli 2022 bin ich zu einem Ende dieser „Endlos Story" gekommen und ich habe die Feststellung gemacht, nur durch den größten Fluch des Jahrhunderts, daß Internet und der Erfindung des „Smart Phone" ist es möglich, daß es für Chaoten und Idioten ein Zufluchtsort wurde, und sich soziale Medien wie „Face book", „Instagram", „Whats app", „Tik Tok" und millionen von „Pod casts" und „Youtube" Videos wie die Pest über die total verblödete Menschheit verbreiten konnten.

Hier noch ein paar Zitate die auf mich zutreffen könnten:

Ein Schiff, das im Hafen liegt, ist sicher vor dem Sturm. Aber dafür ist es nicht gebaut.

Das Leben ist dazu da, um gelebt zu werden und nicht um "begriffen" zu werden, oder sich vorgegebenen Mustern zu fügen. (Bruce Lee)

Das Aussehen entscheidet vielleicht wer zusammen kommt. Doch der Charakter entscheidet wer zusammen bleibt.

Immer die Wahrheit sagen bringt einem wahrscheinlich nicht viele Freunde, aber dafür die Richtigen. (John Lennon)

Dieses Zitat dürfte auf unsere Nachbarn zutreffen:

"Wer gegen Tiere grausam ist, kann kein guter Mensch sein."

Mit diesem Satz hat der Philosoph Arthur Schopenhauer eine Annahme formuliert, die tief in der abendländischen Kultur verwurzelt ist: Im Verhältnis zu seinen Mitgeschöpfen spiegelt sich das Verhältnis des Menschen zu seinesgleichen wider.

Und nochmals ein Zitat von Jean-Jacques Rousseau, daß wahrscheinlich auf 90% der „sechs Kategorien" Menschen zutrifft und sie dieses Buch eher nicht lesen sollten da in meinem Buch nur wahrheitsgetreue Berichte und sicher nichts fiktives steht:

„Hüten wir uns, denen die Wahrheit mitzuteilen, die nicht imstande sind, sie zu fassen."

Und leider wird uns dieses Zitat von Robert Frost sicher nicht mehr näher zu unseren Nachbarn bringen:

Nichts bringt zwei Nachbarn so nahe wie ein guter Zaun

Bücher die noch von mir erschienen sind:

„*Zum Denken verurteilt*" 316 Seiten Buch Hardcover
ISBN: 9783734751295   E-Book ISBN-13: 9783749414017
https://www.bod.de/buchshop/zum-denken-verurteilt-erich-beyer-9783734751295

Unter dem „*Key of life*" 1. Teil   Hardcover
„Weltumsegelung, der 3. Versuch"   476 Seiten davon 75 in Farbe
Buch ISBN-13: 9783743152038   E-Book   ISBN 9783749414888
https://www.bod.de/buchshop/unter-dem-key-of-life-1-teil-erich-beyer-9783743152038

Unter dem „Key of life" 2.Teil   Hardcover
„Bermuda Dreieck und zurück"   280 Seiten davon 86 in Farbe
Buch ISBN-13: 9783743195677   E-Book ISBN 9783749415595
https://www.bod.de/buchshop/unter-dem-key-of-life-2-teil-erich-beyer-9783743195677

Unter dem „Key of life" 3. Teil   Buch Hardcover
„Der vorletzte Kontinent"   436 Seiten davon 254 in Farbe
Buch ISBN 9783746016283   E-Book ISBN 9783749443215
https://www.bod.de/buchshop/unter-dem-key-of-life-3-teil-erich-beyer-9783746016283

Mit S.Y. Braveheart durch Hurrikan Debie   Paperback
112 Seiten   45 Seiten in Farbe
ISBN: 9783751976091 E-Book ISBN 9783752675894
https://www.bod.de/buchshop/mit-s-y-braveheart-durch-hurrikan-debie-erich-beyer-9783751976091

Mit jeder APP wirst mehr zum Depp!   ISBN: -13: 9783751956161
Paperback   132 Seiten   E-Book: ISBN-13: 9783751992381
https://www.bod.de/buchshop/mit-jeder-app-wirst-mehr-zum-depp-erich-beyer-9783751956161

"Reiseberichte unter dem Key of life von 1999 bis 2020"
Paperback Version mit 328 Seiten, davon 69 Farbfotos mit der
ISBN: 9783752611618, E- book ISBN-13: 9783752634815
https://www.bod.de/buchshop/catalogsearch/result/?q=+Reiseberichte+u
nter+dem+Key+of+life

„Logbuchauszüge M.S.Y. Manuda von 1994 bis 1998"   Paperback
420 Seiten   ISBN: 9783752644074   E- book ISBN-13:
9783752635355
https://www.bod.de/buchshop/logbuchauszuege-manuda-erich-beyer-
9783752644074

119

Beginn mit der „Key of life"   Der Anfang mit Kauf der Segelyacht
 1.Teil Beginn der 1. Saison 1985 in Jugoslawien bis Malta 1986
Paperback 240 Seiten davon 120 in Farbe
ISBN-13: 9783753420271 E- Book ISBN-13: 9783753412252
https://www.bod.de/buchshop/beginn-mit-der-key-of-life-erich-beyer-9783753420271

2. Saison mit der „Key of life"   2.Teil in Jugoslawien u. Malta 1986-87
Paperback 232 Seiten mit 102 Fotoseiten, ISBN: 9783753459967
https://www.bod.de/buchshop/2-saison-mit-der-key-of-life-erich-beyer-9783753459967

3. Saison mit der „Key of life" 3.Teil in Jugoslawien u. Malta 1987-88
Paperback 216 Seiten mit 146 Fotoseiten,
ISBN: 9783753473475 E – Book 9783753474267
https://www.bod.de/buchshop/3-saison-mit-der-key-of-life-erich-beyer-9783753473475

Wie weit können wir noch verblöden?
BBB - Beyer's Beschwerde Buch **Paperback 180 Seiten**
ISBN-13: 9783754334638 E-Book ISBN-13: 9783754367872
https://www.bod.de/buchshop/wie-weit-koennen-wir-noch-verbloedeno-erich-beyer-9783754334638

4. Saison mit der „Key of life"   4.Teil in Jugoslawien und Malta
„Start in die vierte Saison 1988 – 1989 E-Book ISBN 9783754358122
Paperback 244 Seiten davon 134 in Farbe ISBN: 9783754356210
https://www.bod.de/buchshop/catalogsearch/result/?q=Erich+Beyer

5. Saison mit der „Key of life"   Fünfter und letzter Teil in Kroatien,
Malta u. Italien Start in fünfte Saison 1989-90
ISBN:9783755738121Paperback 220 Seiten davon 141 Farbseiten
https://www.bod.de/buchshop/5-saison-mit-der-key-of-life-erich-beyer-
9783755738121

Der Beginn mit „Manuda" 1.Teil „Unter dem Key of life mit Manuda"
Start in Italien 1992 und „Manuda" auf der Werft in Malta bis 1993
Paperback 212 Seiten davon 131 in Farbe   ISBN-13: 9783755760498
https://www.bod.de/buchshop/der-beginn-mit-manuda-erich-beyer-
9783755760498

„M.S.Y.Manuda" Saison 1993 bis 94   2.Teil Unter dem Key of life
mit Manuda Saison 1993-94 in Kriegswirren mit Manuda in Kroatien
Paperback 272 Seiten davon 175 in Farbe   ISBN: 9783755785606
https://www.bod.de/buchshop/m-s-y-manuda-saison-1993-bis-1994-
erich-beyer-9783755785606

„*M.S.Y.MANUDA*" *Saison 1995   3.Teil Unter dem Key of life mit Manuda Saison 1995 mit Manuda im Krieg in Kroatien Paperback 184 Seiten davon 104 Farbseiten ISBN: 9783755774754*
https://www.bod.de/buchshop/msy-manuda-saison-1995-erich-beyer-9783755774754

„*M.S.Y.MANUDA*" *Saison 1996   4.Teil Unter dem Key of life mit Manuda   Saison 1996 mit Manuda nach dem Krieg in Kroatien Paperback 212 Seiten davon 106 Farbseiten ISBN: 9783753491066*
https://www.bod.de/buchshop/msy-manuda-saison-1996-erich-beyer-9783753491066

*„M.S.Y.MANUDA" Saison 1997   5.Teil Unter dem Key of life mit
Manuda Kroatisches „Service" mit Einbrüchen und Abzocke
Paperback 276 Seiten davon 114 Farbseiten ISBN: 9783754333532*
https://www.bod.de/buchshop/msy-manuda-saison-1997-erich-beyer-
9783754333532

*„M.S.Y.MANUDA" Saison 1998 - 1999   6.Teil Unter dem Key of life
mit Manuda Letzter Teil, Kroatien ist zu vergessen
Paperback 308 Seiten davon 127 Farbseiten ISBN: 9783756200658*
https://www.bod.de/buchshop/msy-manuda-saison-1998-1999-erich-
beyer-9783756200658

Beginn mit Motorbooten   „M.Y.Andrea" und „ELAN´F-606"
Jugoslawien 1982 und 1983 von „Mali Losinj" bis „Dubrovnik"
Paperback 136 Seiten davon 92 in Farbe   ISBN: 9783756207084
https://www.bod.de/buchshop/beginn-mit-motorbooten-erich-beyer-9783756207084

Motorsegler „Antn"   Unter dem Key of life mit „Antn" 1983
Jugoslawien 1983 mit MÖN 27 „Antn"
Paperback 84 Seiten davon47 in Farbe   ISBN: 9783756210985
https://www.bod.de/buchshop/motorsegler-antn-erich-beyer-9783756210985

Ein Sommer mit „Sourire" - Unter dem Key of life mit Sourire 1984
Jugoslawien 1984 mit „Sourire" ISBN: 9783756231980
Paperback 148 Seiten davon 80 in Farbe
https://www.bod.de/buchshop/ein-sommer-mit-sourire-erich-beyer-
9783756231980

ERICH BEYER:

Geboren am 25. Mai 1950 in Österreich, gelernter KFZ Mcchaniker, über Abendkurse in Schwachstromtechnik und Elektronik über Elektriker in fast alle Berufssparten rein geschnuppert. Lange Jahre als Disc Jokey durch die Lande gezogen und nach Anzeigenleiter bei Bezirkszeitung Hietzing mit eigenem Werbebüro Pleite gegangen, später als Geldtransportfahrer und Body Guard den Lebensunterhalt verdient. Das Küstenpatent und den BK und BR Segelschein gemacht und in weiterer Folge bei der Jugoslawischen Berufsmarine das Schiffpatent bis 25 BRT und nach genügend Seemeilen noch das Patent bis 50 BRT abgelegt. Bei BSAC die Prüfung für Drei Stern Advanced Diver in Malta gemacht. Seit 23

Jahren unter dem Key of life mit dem Segelboot vom Mittelmeer bis zur Karibik unterwegs. Bereits1984 gründete ich den „Segelclub - ANKH" von dem ich immer noch Obmann bin und der nach wie vor existiert. Meine Frau Gabriela heiratete ich am 30. September 1999 im Courthouse von Broward County in Ft. Lauderdale und war mit ihr auf unserer „KEY OF LIFE I" in der Karibik unterwegs und bis Dato mit Logbuch belegt über 60.000 Seemeilen zurück gelegt. Wer noch mehr über mich wissen will, kann sich meine Bücher kaufen oder in der HP nachlesen:

www.segelclub.ankh-refugium.com

oder

www.ankh-refugium.com

Mein 72igster Geburtstag mit Shiva „La Bestia" oder auch „Krawallo" genannt!